НЕБЕСА

II

А двенадцать ворот -- двенадцать жемчужин:
каждые ворота были из одной жемчужины.
Улица города -- чистое золото,
как прозрачное стекло
(Откровение 21:21).

НЕБЕСА

II

МЕСТО, ПОЛНОЕ СЛАВЫ БОЖЬЕЙ

доктор Джей Рок Ли

НЕБЕСА II : МЕСТО, ПОЛНОЕ СЛАВЫ БОЖЬЕЙ
Название оригинала: Heaven II
ISBN: 978-89-7557-221-0
ISBN: 978-89-7557-207-4 (набор)
Авторское право © 2002 Dr. Jaerock Lee
Авторское право перевода © 2009 д-р Kooyoung Chung

Urim Books
235-3 Guro-3dong, Guro-gu
Сеул, Республика Корея

Редактор Geumsun Vin
Издано в Сеуле, Корея, Seongnam Vin
Изготовлено в Республике Корея
Первое издание Июнь 2009г.

Примечание к тексту книги:
В тексте используется Синодальное издание Книг Священного Писания Ветхого и
Нового Завета

ПРЕДИСЛОВИЕ

Я молюсь о том, чтобы вы соделались истинными чадами Божьими и разделили любовь в вечном счастье радости Нового Иерусалима, наполненного Божьей любовью ...

Искренне благодарю я Бога Отца за то, что Он открыл мне таинство жизни на Небесах и благословил меня на публикацию книги *«Небеса I: чистые и прекрасные, как кристалл»*, а теперь – *«Небеса II: преисполненные славы Божьей»*.

Я всегда стремился узнать о Небесах, постигая их с помощью молитвы и поста. После нескольких лет подвижничества Бог наконец ответил на мою просьбу и ныне открыл мне сокровенные тайны духовных сфер.

В первой части серии *«Небеса»* я кратко познакомил читателя с различными обителями на Небесах, подразделив их на Рай, Первое, Второе и Третье царства, а также – Новый Иерусалим. Вторая книга детально описывает прекраснейшую и величественнейшую небесную обитель – Новый Иерусалим.

Бог любви послал видение Нового Иерусалима апостолу Иоанну, описавшему увиденное в Библии. Пришествие Иисуса приближается, и поэтому Бог сегодня изливает Дух Святой на многих, и многие прозревают Небеса в деталях, дабы неверующие уверовали в загробное воздаяние, в Небеса и ад. Принявшие Христа да обретут победу и да проповедуют Благую Весть по всему миру.

Именно поэтому апостол Павел, проповедник Евангелия язычникам, наставлял своего духовного сына Тимофея такими словами: *«Но ты будь бдителен во всем, переноси скорби, совершай дело благовестника, исполняй служение твое»* (2 Тимофея 4:5).

Бог поведал мне о Небесах и аде, чтобы я возвещал во все концы земли о скором Его приходе. Бог желает спасения всем людям, даже единственной душе не желает Он оказаться в аду. Более того, Бог хочет, чтобы как можно больше душ обрело вечную жизнь в Новом Иерусалиме.

По этой причине, не стоит никому осуждать эти богоданные видения, вдохновленные Духом Святым.

В «Небесах II» вы прочтете о многих тайнах небесной жизни, об облике предвечного Бога, о Его престоле и т.д. Я верю, что все эти детали весьма порадуют людей, искренне желающих обрести Небеса.

Град Новый Иерусалим, созданный несоизмеримой любовью и удивительной силой Божьей, преисполнен Его славы. В Новом Иерусалиме находится вершина, на которой пребывает Триединый Бог, возделывающий человечество, и сам престол Божий. Можете ли вы представить себе, сколь величественно, прекрасно, блистательно это место? Место это настолько удивительно и свято, что человеческий ум не в силах его объять!

Поэтому следует понимать, что в Новый Иерусалим не войдет всякая спасенная душа. Бог дарует в нем обитель лишь тем чадам, чьи сердца, после длительного возделывания в этом мире, достигли совершенства, став чистыми и прозрачными, как хрусталь.

Я особенно благодарен Гъеум Сан Вин, директору издательского бюро, и переводческому бюро за помощь в публикации этой книги.

Я благословляю всякого читающего эти строки, чтобы вы соделались истинными чадами Божьими и разделили любовь в вечном счастье радости Нового Иерусалима, наполненного Божьей любовью.

Джей Рок Ли

ВВЕДЕНИЕ

Надеюсь, что вы будете благословлены, открывая для себя светлейшие детали Нового Иерусалима, и обретете обитель в вечности, вблизи Престола Божьего на Небесах …

Искренне благодарю я Бога за то, что Он благословил нас на публикацию книг *«Небеса I: чистые и прекрасные, как кристалл»* и *«Небеса II: преисполненные славы Божьей».*

Эта книга состоит из девяти глав, каждая из которых четко описывает святейшее и прекраснейшее место на Небесах -- Новый Иерусалим, его размеры, очертания и жизнь в нем.

Глава 1-я, «Новый Иерусалим: Наполненный Божьей Славой», рассказывает о планировке Нового Иерусалима, толкует такие тайны, как Престол Божий и духовная вершина, на которой Бог соделал себя Троицей.

Глава 2-я, «Имена двенадцати колен и двенадцати апостолов», описывает внешний облик Нового Иерусалима. Город окружен колоссальной стеной, имена двенадцати колен сынов Израиля начертаны на двенадцати его вратах. На двенадцати основаниях города – имена двенадцати апостолов. Глава толкует смысл этих надписей.

Глава 3-я, «Размер Нового Иерусалима», рассказывает о размере Нового Иерусалима. Здесь объяснено, почему Бог измерил Новый Иерусалим золотой тростью: для того чтобы войти в этот город и жить там, следует обладать духовными качествами, измеряющимися золотой тростью. Глава объясняет, почему в корейском измерении Новый Иерусалим обладает шириной, длиной и высотой в 6000 *ри*.

Глава 4-я, «Сотворен из чистого золота, камней драгоценных», детально трактует материалы, из которых построен Новый Иерусалим. Весь город вымощен чистым золотом и драгоценными камнями; здесь описаны их изумительная красота, цвета и блеск. Более того, в главе истолковано значение ясписа и золота, чистого, как стекло, из которых воздвигнуты стены Нового Иерусалима. Глава объясняет важность духовной веры.

Глава 5-я, «Значение Двенадцати оснований»,

рассказывает о двенадцати стенах Нового Иерусалима, стоящих на двенадцати основаниях, о красоте и духовном смысле ясписа, сапфира, халцедона, изумруда, сардоникса, сердолика, хризолита, вирилла, топаза, хризопраза, гиацинта и аметиста. Суммировав духовное значение каждого самоцвета, вы поймете, что речь идет о сердце Иисуса Христа, о сердце Божьем. Эта глава побуждает вас обрести в себе сердце, символизируемое двенадцатью драгоценными камнями, дабы войти вам и обитать вечно в Новом Иерусалиме.

Глава 6-я, «Двенадцать Жемчужных врат и Золотая дорога», объясняет духовное значение соделанных Богом из двенадцати жемчужин врат Нового Иерусалима, а также смысл золотой дороги, чистой, как стекло. Подобно моллюску, в муках вынашивающему жемчужину, верующий должен устремиться к двенадцати жемчужным вратам, превозмогая тяготы и испытания веры с надеждой. К этому и побуждает читателя данная глава.

Глава 7-я, «Чарующее зрелище», проводит читателя по вечно сияющему Новому Иерусалиму. Вы узнаете духовный смысл стиха о том, что «Бог и Агнец суть храм его», о размерах и красоте чертога Господня, о славе верующих, которые войдут в Новый Иерусалим, дабы провести в нем вечность вблизи Господа.

Глава 8-я, «Я увидел святый город Новый Иерусалим», описывает обитель одного их многих верующих, который вел праведную и жертвенную жизнь на земле и получил великую награду на Небесах. Вы сможете представить себе счастливые дни, ждущие верных в Новом Иерусалиме, прочтете о размерах и красоте небесных обителей, о небесном быте и каждодневной жизни.

Глава 9-я и последняя, «Первое пиршество в Новом Иерусалиме», проведет вас по первому банкету в Новом Иерусалиме, который последует за Судом Великого Белого Престола. Знакомя читателя с некоторыми отцами веры, которым будет суждено жить вблизи Божьего престола, книга «Небеса II» завершается благословением и наставлением читателя, дабы каждый из нас имел сердце, подобное чистому и прозрачному хрусталю, и жил в вечности вблизи Престола Божьего в Новом Иерусалиме.

Чем больше узнаешь о Небесах, тем более удивительными представляются они. Новый Иерусалим, который можно назвать «центром» Небес, находится там же, где и Престол Божий. Если знаешь о красоте и славе Нового Иерусалима, то обязательно обретешь надежду на Небеса и опору в христианской жизни.

Что касается прихода Иисуса, до которого Он завершит подготовку наших обителей на Небесах, время это грядет скоро. Я надеюсь, что благодаря книге *«Небеса II: преисполненные славы Божьей»* вы должным образом подготовитесь к нему.

Я молюсь именем Господа Иисуса Христа, что вы войдете в Новый Иерусалим и будете жить вблизи Престола Божьего, ревностно исполнив свой долг перед Богом на земле и обретя неугасающую надежду на жизнь вечную.

Гъеум Сан Вин
директор издательского бюро

СОДЕРЖАНИЕ

 Глава 1

Новый Иерусалим:
Наполненный Божьей Славой

*И вознес меня в духе на
великую и высокую гору, и
показал мне великий город,
святый Иерусалим, который
нисходил с неба от Бога.
Он имеет славу Божию;
светило его подобно
драгоценнейшему камню,
как бы камню яспису
кристалловидному.*

- Откровение 21:10-11

Небеса – это четырехмерный мир, которым управляет Бог любви и справедливости. Хоть этот мир невидим человеческому глазу, мы верим, что Небеса определенно существуют. Сколько счастья, радости, благодарности и славы изольет Бог на человека, получившего спасение!

Однако на Небесах существуют различные обители. Есть Новый Иерусалим, где находится Престол Божий, есть Рай, куда навечно попадут люди, едва получившие спасение. Как здесь, на земле, жизнь в хижине отличается от жизни во дворце, так будет различна слава в Раю и Новом Иерусалиме.

Некоторые утверждают, что «Небеса» и «Новый Иерусалим» -- это синонимы, а кое-кто даже не подозревает о существовании Нового Иерусалима. Как печально! Нелегко человеку обрести Небеса, даже зная, что они есть. А как стремиться к Новому Иерусалиму, не зная о его существовании?

Бог открыл Новый Иерусалим апостолу Иоанну и позволил ему подробно написать об этом в Библии. Откровение 21 объясняет Новый Иерусалим. Иоанн был в восторге только от одного взгляда на него.

Он признался в Откровении 21:10-11: *«И вознес меня в духе на великую и высокую гору, и показал мне великий город, святый Иерусалим, который нисходил с неба от Бога. Он имеет славу Божию; светило его подобно драгоценнейшему камню, как бы камню яспису кристалловидному».*

Почему Новый Иерусалим наполнен Божьей славой?

В Новом Иерусалиме – Престол Божий

В Новом Иерусалиме находится Престол Божий. Насколько исполнен Новой Иерусалим Божьей славой, если Сам Бог там обитает?

В Откровении 4:8 мы читаем о том, что люди день и ночь воздают славу, благодарность и честь Богу: *«И каждое из четырех животных имело по шести крыл вокруг, а внутри они исполнены очей; и ни днем, ни ночью не имеют покоя, взывая: свят, свят, свят*

Господь Бог Вседержитель, Который был, есть и грядет».

Новый Иерусалим также назван Святым Градом, потому что он обновился словом Божьим, истинным, непорочным, не имеющим в себе тьмы.

Земной Иерусалим – город, где Иисус, явившийся во плоти, открыл путь спасения всему человечеству, где он проповедовал Евангелие и исполнил закон любви. Поэтому Бог создал Новый Иерусалим для всех тех верующих, которые исполняют закон любви.

Престол Божий в центре Нового Иерусалима

Где же находится Престол Божий в Новом Иерусалиме? Ответ мы читаем в Откровении 22:3-4:

> *«И ничего уже не будет проклятого; но престол Бога и Агнца будет в нем, и рабы Его будут служить Ему. И узрят лице Его, и имя Его будет на челах их».*

Престол Божий находится в центре Нового Иерусалима, и только исполняющие Слово Божье подобно Его послушным слугам смогут туда войти и увидеть Божье лицо.

Потому что Бог сказал в Послании к Евреям 12:14: *«Старайтесь иметь мир со всеми и святость, без которой никто не увидит Господа»,* а в Матфея 5:8: *«Блаженны чистые сердцем, ибо они Бога узрят».*

Вы должны осознать, что не каждый войдет в Новый Иерусалим, в котором находится Престол Бога, как не каждый в этом мире может войти в комнату или здание, в котором находится президент или царь, и увидеться с ними лицом к лицу.

Как выглядит Престол Бога? Некоторые думают, что это большой трон, но это не так. В узком смысле слова – это место, на котором восседает Бог, но в широком смысле – это место обитания Бога.

Таким образом, «Престол Божий» относится к месту обитания Бога, вокруг которого, в центре Нового Иерусалима, -- радуги и престолы двадцати четырех старцев.

Радуги и престолы 24-х старцев

Вы чувствуете красоту, великолепие и размер Престола Бога, читая Откровение 4:3-6:

«И Сей Сидящий видом был подобен камню яспису и сардису; и радуга вокруг престола, видом подобная смарагду. И вокруг престола двадцать четыре престола; а на престолах видел я сидевших двадцать четыре старца, которые облечены были в белые одежды и имели на головах своих золотые венцы. И от престола исходили молнии и громы и гласы, и семь светильников огненных горели пред престолом, которые суть семь духов Божиих. И пред престолом море стеклянное, подобное кристаллу; и посреди престола и вокруг престола четыре животных, исполненных очей спереди и сзади».

Многие ангелы и небесное воинство служат Богу. Там много других духовных существ: херувимы, четыре животных, охраняющих Его.

Перед Престолом Бога -- стеклянное море. Вид его прекрасен, а свет от престола отражается в стеклянном море.

Каким образом двадцать четыре старца окружают Престол Бога? Двенадцать располагаются позади Господа, а другие двенадцать - позади Святого Духа. Эти двадцать четыре старца являются освященными людьми, поэтому имеют право свидетельствовать перед Богом.

Престол Бога настолько красив и величествен, что не поддается человеческому воображению.

Временный престол для церемоний

С престола в Новом Иерусалиме Бог разговаривает со Своими детьми, участвует в пирах, управляет Небесами. Это можно сравнить с тем, как президент страны здесь, на земле, имеет свой кабинет, где проходят встречи и банкеты.

В старину, когда император выезжал из дворца, чтобы увидеть свою страну, его свита выстраивала временную резиденцию, напоминающую его дворец. Так же и Божий престол в Новом Иерусалиме существует не для постоянного обитания Бога, а для остановок на короткое время. В главе 9-й этой книги подробно говорится о пире в Новом Иерусалиме и Престоле Божьем. Вы можете прочитать о появлении Бога на первом пире в Новом Иерусалиме, ангелах и небесном воинстве, пророках, встающих, чтобы Ему поклониться. Вы также прочитаете о том, как Бог восседает на престоле. По правую руку от Него находится престол Господа, а по левую -- престол Святого Духа.

Другой временный престол Бога

Деяния 7:55-56 повествуют нам о том, как Стефан увидел престол Агнца справа от Престола Божия:

> *«Стефан же, будучи исполнен Духа Святого, воззрев на небо, увидел славу Божию и Иисуса, стоящего одесную Бога, и сказал: вот, я вижу небеса отверстые и Сына Человеческого, стоящего одесную Бога».*

Стефан стал мучеником, его забили камнями за то, что он провозглашал весть об Иисусе Христе. Перед смертью Стефан увидел духовными очами Господа, стоящего одесную Божьего престола. Господь не мог оставаться безучастным, зная, что Стефан вскоре примет мученическую смерть от рук иудеев, слушавших его проповедь. Господь встал со Своего престола и заплакал, глядя на то, как убивают Стефана, а Стефан, духовно прозрев, увидел Славу Божью и Иисуса.

Вы тоже, как Стефан, должны понять, что это совсем другой престол, а не тот, который увидел апостол Иоанн в Новом Иерусалиме.

Престол Божий, который увидел Стефан, это место, где Бог будет находиться до Судного Дня; Иоанн увидел место, где Бог будет обитать после Суда.

Пока Бог правит Небесами, исполняет Свой промысел по совершенствованию человека, готовится к Суду, Он находится в другом месте Нового Иерусалима и будет там до самого Судного Дня. В этом отдельном месте, которое увидел Стефан, вместе с Богом находятся и соделывают царствие Божье герои веры, удостоившиеся Нового Иерусалима.

Итак, существует временный Престол Божий в Новом Иерусалиме для участия в церемониях, но, кроме него, есть еще один временный престол.

Престол Суда

Верующие чаще всего думают, что существует только один Престол Бога, но это не так. Есть другие временные престолы, откуда Бог совершает свой труд. Давайте обратимся к Откровению 20:11-12:

«И увидел я великий белый престол и Сидящего на нем, от лица Которого бежало небо и земля, и не нашлось им места. И увидел я мертвых, малых и великих, стоящих пред Богом, и книги раскрыты были, и иная книга раскрыта, которая есть книга жизни; и судимы были мертвые по написанному в книгах, сообразно с делами своими».

Когда исполнится время, Бог, сидя на Великом Белом Престоле, начнет судить по книгам. Спасенные по вере получат обители и награды на Небесах; неспасенные будут брошены в озеро огненное и серное за зло, которое они совершили здесь, в этом мире.

Где будет Бог во время Суда? Будет ли Он в Новом Иерусалиме? Нет. Будет подготовлен еще один временный престол вне Нового Иерусалима. Я объяснял это в лекциях по книге Откровения.

Престол Божий в центре Нового Иерусалима – не тот, на котором обычно восседает Бог, он временный, и при необходимости создаются другие временные престолы.

Вершина Духовной сферы

Где находится тот временный престол, на котором обычно восседает Бог? Вначале Бог существовал один во вселенной, как свет, наполненный голосом. Когда пришло время, Он стал Триединым и подготовился к взращиванию человека.

Если в деталях рассмотреть этот процесс, можно увидеть местоположение вершины, где Бог стал Триединым, увидеть Престол Бога, где Он обычно находится. Я хочу познакомить вас с тем, что Бог открыл мне, когда в посте и молитве я просил Его объяснить мне Слово Божье.

Бог Сущий, Бог Свет

Каждый верующий хоть раз в своей жизни задавал вопрос о том, как начал существовать Бог. Людям свойственно думать, что все имеет начало и конец, поэтому им хочется знать, каким был Бог в начале.

Бог существовал один, Он вмещал в себя вселенную

до начала времен (Исход 3:14; Иоанн 1:1; Откровение 22:13). Вселенная не была такой, какой мы ее сейчас видим. До того, как она разделилась на духовный и физический миры, было одно пространство. Бог существовал как свет и освещал вселенную.

Он был не просто лучом света, Он существовал как сверкающий прекрасный свет, как течение воды, переливающееся всеми цветами радуги. Если вы представите Северное сияние, то лучше меня поймете. Северное сияние – это свечение неба разноцветными движущимися лучами, напоминающее занавес. Говорят, что зрелище настолько красиво, что видевшие его не могут забыть эту красоту никогда.

Насколько же красивее свет Бога, который Сам является светом, как же передать великолепие многих светов, соединенных вместе?

Поэтому в 1-м посл. Иоанна 1:5 сказано: *«И вот благовестие, которое мы слышали от Него и возвещаем вам: Бог есть свет, и нет в Нем никакой тьмы».* Фраза «Бог есть свет» не только выражает духовное значение того, что в Боге нет тьмы, но и описывает внешность Бога, который до начала времен существовал как свет.

Вот такой Бог, существовавший до начала времен как свет вселенной, был исполнен голоса. Некоторые сейчас меня не поймут. Как свет можно наполнить голосом, спросите вы? Но вспомните вихрь приближающегося ветра, и вы поймете.

Голос Бога Сущего, Бога Света не происходит из определенного источника, он сам является источником голоса. Голос Бога распространился по вселенной, как звук разносится ветром. Голос был очень ясным, приятным, мягким и звучал через всю вселенную. Если кто-то хоть раз слышал голос Бога, он никогда не забудет его ясность, чистоту и красоту.

Если сравнить его со звуками здесь, на земле, то это слегка напомнит звон, исходящий от прикосновения хрусталя друг с другом. В Антарктике такой прекрасный звук издают ломающиеся айсберги. Конечно, мы не можем сравнивать все это с голосом, которым был наполнен Бог. Однако мне так хочется, чтобы вы почувствовали красоту, прозрачность и, в то же время, силу голоса начала.

Бог существовал как свет, исполненный голоса, и голос этот – «Слово», про который в Иоанна 1:1 сказано: *«В начале было Слово, и Слово было у Бога, и Слово было Бог»*.

Бог стал Триединым на вершине

В начале был Сущий Бог. Он был окружен ярким светом, исполненным голоса, звучащим изнутри. В определенный момент времени Бог возжелал иметь кого-то, с кем Он мог поделиться чувствами и эмоциями:

> *«Хорошо бы, чтобы кто-нибудь понимал Мое сердце и узнал о вселенной, с кем я мог бы поделиться любовью и чувствами!»*.

С самого начала Бог замыслил взрастить человека и поделил огромную вселенную на духовный и физический миры.

Потом Он стал Триединым Богом, сконцентрировав весь свет в один свет на вершине духовного мира. Бог, существовавший один в начале как свет со звучащим голосом, стал существовать как Триединый Бог: Отец, Сын и Святой Дух.

Бог создал первое небо, где должны были жить мы, люди, второе небо, где сосуществуют духовные и физические существа, третье небо, являющееся духовным царством.

«Царства земные! пойте Богу, воспевайте Господа, шествующего на небесах небес от века. Вот, Он дает гласу Своему глас силы» (Псалом 67:33-34).

«Вот у Господа, Бога твоего, небо и небеса небес, земля и все, что на ней» (Второзаконие 10:14).

«Ты, Господи, един, Ты создал небо, небеса небес и все воинство их, землю и все, что на ней, моря и все, что в них, и Ты живишь все сие, и небесные воинства Тебе поклоняются» (Неемия 9:6).

Местоположение вершины

Став Триединым Богом, Он создал Град Новый Иерусалим и небесные царства вокруг Града. Вершина духовного мира в Новом Иерусалиме на третьем небе, где Бог соделал себя Триединым, чтобы взращивать человека, имеет высоту в 6000 *ри* (традиционная корейская мера длины, 1 *ри* соответствует 400 м).

Не всякий может достичь вершины, где Бог стал Триединым: место очень хорошо охраняется, даже ангелы не могут туда войти. Сам Бог Отец не может туда входить с тех пор как Он стал Триединым и вышел оттуда.

После 6000 лет человеческого развития Троица войдет туда опять, чтобы стать единым. Троица воссоединяется и разделяется время от времени, как это произошло, когда Бог впервые стал Троицей.

Вершина, располагающаяся на высоте в 6000 *ри* Нового Иерусалима, полна славы Божьей, потому что там источник разделившегося сверкающего света. Слава Божья сияет сквозь вселенную и в Новом Иерусалиме тоже, поэтому там нет нужды в солнце или луне. Град Новый Иерусалим – это место, где сияет первоисточник Божьего света, ярко сияет полнотой Божьей славы.

Бог создал Небеса и духовную сферу

Бог Троица создал Царство небесное и бесчисленное множество небесных существ. Долгое время Ему нравилось быть с ними, принимать от них хвалу и славословие.

Он дал человеческие качества трем архангелам, служившим Ему, для того чтобы проводить с ними время и проявлять к ним любовь; Он дал им свободу выбора. Однако Люцифер, один из архангелов, решил направить свою свободную волю, данную ему Богом, во зло. В его сердце появилась гордыня, и он восстал против Бога.

Люцифер, служивший Богу Отцу, обманул драконов, окружающих Божий престол, херувимов, подчинявшихся им, и некоторых ангелов, подтолкнул их к восстанию против Бога. Но все это стало возможным потому, что Бог в своем провидении позволил этому случиться. Это одна из необходимых ступеней, ведущих человечество по пути совершенствования.

Человек должен был осознать относительность вещей, чтобы войти в небесное царство как истинные чада Божьи. Я рассказываю об этом подробно в своей книге *«Слово о Кресте»*.

Бог изгнал Люцифера и его последователей с третьего неба на второе, и позволил оставаться на востоке Эдемского сада. Таким образом, сфера, где обитают злые духи, тоже была основана по Божьему промыслу.

Первоначальный Престол Бога

Где обычно располагается Триединый Бог? Как монарх почти всегда находится в своем дворце, так Триединый Бог имеет пространство духовного покоя.

В пространстве, где существует Бог как свет, исполненный голоса, есть отдельные сферы для Отца, Сына и Святого Духа. Там, в сфере начал, где располагается первоначальный престол Бога, есть сфера для отдыха, комнаты для разговоров и тропинки для прогулок.

Только особые ангелы и те, чьи сердца уподобились сердцу Бога, имеют право бывать в этом месте. Оно отделено, таинственно и безопасно. Место Престола Бога Троицы располагается там, где в начале был только Бог Сущий, -- на четвертом небе, отдельно от Нового Иерусалима, находящегося на третьем небе.

Невеста Агнца

Бог стал Триединым, чтобы взращивать истинных детей, которые смогли бы разделить Его истинную любовь в Граде Нового Иерусалима. Он выделил роли Отца, Сына и Святого Духа, создал духовную сферу и долгое время взращивал человечество.

Бог дает Святой Дух в дар тем, кто принимает Иисуса Христа Спасителем, позволяет возродиться их духу, стать детьми Божьими. Он воспитывает в них сердце, подобное сердцу Господа. А когда они становятся истинными Его детьми, Он дарует им Новый Иерусалим.

Бог желает, чтобы такое сердце было у всех людей, чтобы все верой унаследовали Новый Иерусалим. Он милостиво ожидает тех, кто, проходя путь человеческого совершенствования, еще не достиг освященности. Он разделил небесное царство на многие обители: Рай, Первое, Второе, Третье небесные царства, и воздает награды Своим детям по их делам.

Новый Иерусалим дается Богом тем истинным Его детям, кто завершил освящение и был верен всему дому Его. Он выстроил Новый Иерусалим в память о земном Иерусалиме, колыбели Евангелия, как новый сосуд, содержащий все исполненное по закону любви.

Когда мы читаем в Откровении 21:2 о том, что Бог подготовил такой красоты город Новый Иерусалим, что он напомнил Иоанну прекрасную невесту, украшенную для жениха:

> *«И я, Иоанн, увидел святый город Иерусалим, новый, сходящий от Бога с неба, приготовленный как невеста, украшенная для мужа своего».*

Новый Иерусалим как невеста, украшенная для мужа своего

Евангелие от Матфея 25 повествует о пяти мудрых и пяти неразумных девах. Пять мудрых подготовили масло и стали невестами Господа, а пять неразумных не заготовили достаточно масла и не смогли достойно принять жениха.

Бог готовит чудесные обители на Небесах невестам Господа, которые заранее готовятся, украшаются, обрезают свои сердца. Они примут духовного Жениха Господа Иисуса. Самым красивым местом в вечных обителях является вечный город Новый Иерусалим.

В Откровении 21:9 подчеркивается, что небесный Новый Иерусалим украшен именно для невест Господа: *«...я покажу тебе жену, невесту Агнца».*

Небесный Новый Иерусалим – это дар Бога невестам Господа. Он лично подготовил обители, с любовью и заботой предусмотрел все, что необходимо Его детям. Каждая обитель полностью соответствует тому, кто ее занимает.

Подобно заботливой жене

Как жена служит мужу и обеспечивает ему место для отдыха, так обители Нового Иерусалима служат невестам Господа. Там все создано для того, чтобы люди почувствовали счастье и радость.

В этом мире, как ни старалась бы жена, как ни ухаживала бы она за мужем, она не сможет дать ему совершенный покой и совершенную радость. Но обители Нового Иерусалима дают мир и радость, потому что подготовлены с учетом вкуса каждого хозяина дома. Дома великолепны и прекрасны, созданы по вкусу человека, они сотворены для людей, уподобившихся сердцу Бога. Сам Бог создавал их, поэтому они дивны и прекрасны.

Если вы воистину веруете в Небеса, вы будете счастливы только от мысли о том, что множество ангелов созидают обители, украшая их золотом и драгоценностями, исполняя Закон Бога, чтобы каждый из вас получил награду по делам своим.

Насколько же счастливее и радостнее будет ваша жизнь в Новом Иерусалиме, который будет служить вам и ухаживать за вами как жена!

Небесные обители украшены по делам нашим

Небесные обители создаются с момента воскресения нашего Господа и вознесения Его на Небеса. Они и сейчас строятся в соответствии с нашими делами. Строительство дома небесного заканчивается тогда, когда завершается земная жизнь человека. В некоторых домах заложен фундамент, поставлены строительные леса, а некоторые дома практически закончены.

Когда завершится строительство небесных обителей верующих, Иисус говорит в Иоанна 14:2-3, что Он вернется на землю, но в этот раз на воздухе:

> *«В доме Отца Моего обителей много; а если бы не так, Я сказал бы вам: « Я иду приготовить место вам». И когда пойду и приготовлю вам место, приду опять и возьму вас к Себе, чтоб и вы были, где Я».*

На Суде Великого Белого Престола будет вынесено решение, какие вечные небесные обители получат спасенные.

Когда хозяин войдет в свой дом после ожидания во временном пристанище, он получит небесные награды по мере своей веры -- дом полностью засияет. Потому что хозяин и его дом составляют пару, подобно тому, как здесь, на земле, муж и жена становятся одной плотью.

Святой Град Новый Иерусалим наполнится Божьей славой, так как он вмещает престол Божий и множество домов, выстроенных для истинных детей Божьих!

Сверкающий, как драгоценность, прозрачный, как кристалл

Ведомый Святым Духом апостол Иоанн пришел в восторг, увидев Святой Град Новый Иерусалим и смог произнести следующее:

«И вознес меня в духе на великую и высокую гору, и показал мне великий город, святый Иерусалим, который нисходил с неба от Бога. Он имеет славу Божию; светило его подобно драгоценнейшему камню, как бы камню яспису кристалловидному» (Откровение 21:10-12).

Наверное, вы летали самолетом в какой-нибудь известный город мира. Представьте, как самолет, достигнув пункта назначения, начинает снижаться. В иллюминаторе перед вашими глазами открываются красивые виды города. Чем красивее вид, тем больше захватывает у вас дух, тем больше благодарности вы воздаете Богу Творцу. Так и апостол Иоанн воздал славу Богу, увидев дивный и величественный Новый Иерусалим с вершины горы, куда привел его Святой Дух.

В Новом Иерусалиме Божья любовь и сила

Иоанн просто сказал «слава Божья» при описании красоты Нового Иерусалима, украшенного как невеста. Глядя на святой, совершенный и прекрасный город Новый Иерусалим, Иоанн прославил Бога за Его любовь и силу. Исход 34:28 показывает вам, как ослепительна слава Божья, то есть Его власть .

Моисей получил Десять Заповедей, пробыв с Богом сорок дней на горе Синай. Когда он спустился в долину, его лицо сияло славой Божьей. Его лицо было таким ослепительным, что Аарон и народ Израиля боялись к нему подойти. Моисей мог увидеть славу Бога, так как его сердце уподобилось сердцу Бога, он мог разговаривать с Богом по-дружески, а другие не могли этого. Моисею пришлось прикрыть лицо покрывалом. Люди не могли смотреть ему в лицо, хотя они не смотрели на собственно славу Бога.

Насколько ярче и ослепительнее будет Новый Иерусалим! Поэтому Иоанн смог только сказать: *«подобно драгоценнейшему камню, как бы камню яспису кристалловидному»*.

Новый Иерусалим полон света творения, исходящего от вершины, где Бог стал Троицей, полон света славы, излучающегося от Престола Бога. Как же прекрасен был вид, открывшийся очам апостола Иоанна!

Новый Иерусалим, сияющий славой Бога

Что означает : *«...подобно драгоценнейшему камню, как бы камню яспису кристалловидному»*? Существует много драгоценных камней, им даны различные названия, соответственно составу и цвету. Ценность камня определяется красотой цвета. Поэтому выражение *«подобно драгоценнейшему камню»* указывает на совершенную красоту. Апостол Иоанн сравнил свет Нового Иерусалима с драгоценными камнями, которые люди считают ценными и красивыми.

Новый Иерусалим имеет огромные и величественные дома, декорированные небесными драгоценностями, сияющими всеми цветами, но увидеть переливание и игру света можно только, если смотреть на святой город издалека. Голубоватый, белый свет, играющий многими оттенками, кажется, объемлет весь город. Как же дивно будет увидеть это воочию! .

Откровение 21:18 говорит нам, что стена Нового Иерусалима сделана из ясписа. Вместо непрозрачной земной яшмы - небесный яспис голубого цвета, прозрачный, как вода. Невозможно описать его красоту земными средствами. Наверное, цвет чистой голубой морской волны немного может сравниться с ясписом. Пока мы можем только употребить такие слова, как «прозрачный», «голубоватый» и «белый». Яспис символизирует утонченность и чистоту Бога, праведность, безупречность, честность.

Существует много видов хрусталя, и на Небесах это бесцветный, прозрачный, твердый самоцвет, чистый, как вода. Чистый и прозрачный хрусталь широко применялся в старину для украшений. Изделия из него прекрасно отражают свет.

Хрусталь не очень дорогой материал, в нем дивно отражается свет, переливаясь всеми цветами радуги. Бог своей силой вложил сияющую славу в небесный хрусталь, с которым даже близко не может сравниться земной хрусталь. Апостол Иоанн пытался передать красоту, чистоту и блеск Нового Иерусалима этим сравнением.

Святой Град Новый Иерусалим имеет славу Божью. Величественен и прекрасен Новый Иерусалим, в котором находится Престол Бога, и вершина, где Бог стал Троицей.

Если вы воистину уповаете на жизнь в святом и дивном Граде Новом Иерусалиме, вам надлежит быть верными своим обязанностям и угождать Богу чистым, как хрусталь, сердцем.

Я молюсь во имя Господа Иисуса Христа, чтобы ваши сердца освятились, чтобы вы стали верными всему дому Божьему, приготовились как прекрасная невеста Господа и однажды обрели Новый Иерусалим.

Глава 2

Имена двенадцати колен
и двенадцати апостолов

Он имеет большую и высокую стену,
имеет двенадцать ворот
и на них двенадцать Ангелов;
на воротах написаны имена двенадцати колен
сынов Израилевых:
с востока трое ворот,
с севера трое ворот,
с юга трое ворот,
с запада трое ворот.
Стена города имеет двенадцать оснований,
и на них имена двенадцати Апостолов Агнца.
- Откровение 21:12-14

Новый Иерусалим окружен стенами, сияющими и переливающимися огнями. Размеры, величие, красота и слава этих стен изумят всякого, кто их увидит.

Город имеет форму куба, в нем по трое ворот на каждую сторону: восток, запад, север и юг. Всего двенадцать невероятно массивных ворот, которые охраняются огромными ангелами. На каждых воротах написаны имена двенадцати колен сынов Израилевых.

Вокруг стен города находятся двенадцать оснований, на которых стоят двенадцать колонн, а на них имена двенадцати учеников. Все в Новом Иерусалиме имеет число «12», число света. Это для того, чтобы каждый смог легко понять, что Новый Иерусалим предназначен для детей света, чьи сердца уподобились сердцу Бога, который Сам является светом.

Позвольте мне рассказать вам о духовном значении числа «12». В Евангелии от Иоанна 11:9 Иисус говорит: *«Иисус отвечал: не двенадцать ли часов во дне? кто ходит днем, тот не спотыкается, потому что видит свет мира сего».* Здесь «двенадцать часов во дне» в духовном смысле означает совершенный свет, в котором нет тьмы.

Следовательно, «12» есть число дня, яркости и света, представляет совершенство и целостность. Бог ценит число «12» и использует его как знак благословения и обетования, поскольку оно указывает на совершенство и свет.

Через Иакова Бог сформировал двенадцать колен Израиля, олицетворяющих всех, кто должен спастись; через двенадцать апостолов Бог позволил распространить Евангелие; Он создал двенадцать ворот и двенадцать оснований Нового Иерусалима. Так через число «12» Бог показал свою волю и промысел.

Давайте рассмотрим, по каким причинам врата Нового Иерусалима охраняются двенадцатью ангелами, а имена двенадцати племен и двенадцати учеников записаны по всему небесному Граду.

Двенадцать ангелов охраняют ворота

В старину воины и стражники стояли на карауле у ворот замков монархов и знати. Это было необходимой мерой защиты от врагов и непрошеных гостей. Однако двенадцать ангелов охраняют ворота Нового Иерусалима, хотя никто не может войти туда, так как город является местом Престола Божьего. В чем причина?

Символ богатства, власти и славы

Город Новый Иерусалим – грандиозен и превосходит наше воображение. Размер обычного дома в Новом Иерусалиме такой, как весь Запретный Город в Китае, в котором раньше жили императоры. Даже Великая Китайская Стена, одно из семи чудес света, не может сравниться с городом Новый Иерусалим.

Первой причиной, по которой двенадцать ангелов охраняют ворота, является символ богатства, власти и славы. Даже в наше время сильные мира сего имеют в своих резиденциях охрану, что указывает на их богатство и власть.

Поэтому ангелы в образе высокопоставленных хранителей сторожат ворота Нового Иерусалима, где располагается Престол Бога. Глядя на двенадцать грозных стражников, чье присутствие добавляет величия и славы Новому Иерусалиму, чувствуешь власть самого Бога.

Для защиты детей Божьих

Какова же вторая причина, по которой двенадцать ангелов охраняют ворота Нового Иерусалима? Посл. к Евреям 1:14 спрашивает: *«Не все ли они суть служебные духи, посылаемые на служение для тех, которые имеют наследовать спасение?»*. Бог защищает своих детей, живущих на земле, пламенным оком и ангелами, которых Он посылает. Поэтому сатана не может клеветать на живущих по Его Слову. Бог защищает их от трудностей, испытаний, природных и иных катастроф и несчастий.

Есть несчетное число ангелов на Небесах, исполняющих свои обязанности по приказу Бога. Среди них ангелы, которые следят, записывают и потом дают Богу отчет о каждом поступке верующего или неверующего. В Судный День Бог вспомнит даже малейшее слово, произнесенное каждым, и вознаградит по делам его.

Все ангелы – это духи, которыми управляет Бог, они защищают детей Божьих и ухаживают за ними даже на Небесах. На Небесах не будет бедствий или катастроф, там нет тьмы, которая принадлежит врагу дьяволу, но они, естественным образом, служат своим хозяевам. Обязанность эту на них не возлагают насильно, они исполняют ее добровольно, согласно порядку и гармонии духовной сферы. Это естественные обязанности ангелов.

Поддержание мирного порядка Нового Иерусалима

Какова третья причина, по которой двенадцать ангелов охраняют ворота Нового Иерусалима? Небеса – совершенная духовная сфера, где нет места порокам, там совершенный порядок. Там нет ненависти, ссор, никто никому не приказывает. Все управляется по Слову

Божьему. Вознаграждение и власть устанавливаются по Божьей справедливости, по делам каждого.

Термин «власть» здесь не относится к званию или рангу, от которых люди впадают в гордость, это духовная сила, показывающая восхищение, доверие и любовь детей Божьих друг ко другу.

Дом, разделившийся внутри себя, падет. Так же и мир сатаны не выступает против себя, а действует в определенном порядке (Марк 3:22-26). Насколько справедливее будут установления и порядок в Царстве Божьем!

Например, пиры в Новом Иерусалиме проходят по порядку. Спасенные души в Третьем, Втором и Первом царствах и Раю посещают Новый Иерусалим только по пригласительным билетам, согласно духовному порядку. Они угождают Богу и разделяют радость с обитателями Нового Иерусалима.

Если спасенным душам из Рая, Первого, Второго и Третьего царств позволить свободно входить в Новый Иерусалим, что будет? Как со временем снижается ценность всего, за чем нет надлежащего ухода, так, если нарушить порядок Нового Иерусалима, его красоту невозможно будет сохранить.

Во имя мирного порядка Нового Иерусалима установлены двенадцать ворот и поставлены при них ангелы. Но надо понимать, что верующие, обитающие в Третьем Царстве и ниже, не могут войти в Новый Иерусалим, даже если его не будут охранять ангелы, так как там другая слава. Ангелы просто поддерживают порядок.

Имена двенадцати колен сынов Израилевых записаны на двенадцати воротах

Зачем на воротах Нового Иерусалима написаны имена двенадцати колен сынов Израилевых? Объясню на примере этого мира. По окончанию какого-либо важного строительного проекта принято устанавливать памятную доску или воздвигать монумент для того, чтобы увековечить память о событии. Подобно этому, имена двенадцати колен сынов Израилевых записаны на воротах небесного города, чтобы показать, с кого все началось.

История создания двенадцати ворот

У Адама и Евы, изгнанных из Эдемского сада за грех непослушания на землю около 6000 лет назад, родилось много детей. Когда земля переполнилась грехами, все, кроме праведника Ноя и членов его семьи, были наказаны и погибли в водах потопа.

Более 4000 лет назад родился Авраам, а когда пришло время, Бог соделал его отцом веры и обильно благословил. Бог пообещал Аврааму в Бытии 22:17-18:

> *«...Я благословляя благословлю тебя, и умножая умножу семя твое, как звезды небесные и как песок на берегу моря; и овладеет семя твое городами врагов своих; и благословятся в семени твоем все народы земли за то, что ты послушался гласа Моего».*

Верный Бог основал Израиль с Иакова, внука Авраама, и его двенадцати сыновей. Около 2000 лет назад Бог послал на землю Иисуса, как потомка колена Иудина, и этим открыл путь спасения всему человечеству.

Бог сформировал Израиль из двенадцати племен, чтобы исполнить обещанное Аврааму благословение. Чтобы символически увековечить это, Бог создал двенадцать ворот в небесном Новом Иерусалиме, на которых написал имена двенадцати колен сынов Израиля.

Давайте подробнее рассмотрим жизнь Иакова, родоначальника Израиля, и двенадцать племен этого народа.

Иаков – родоначальник Израиля и его двенадцати колен

Иаков, внук Авраама и сын Исаака, обманув своего брата Исава, завладел правом первородства. Ему пришлось, спасаясь от его гнева, убежать из дома и скрыться у дяди Лавана. В течение двадцати лет в доме у Лавана Бог духовно очищал Иакова и подготавливал его к тому, чтобы тот смог стать родоначальником Израиля.

Бытие 29:21 подробно повествует о том, как Иаков вступал в брак, как рождались двенадцать его сыновей. Иаков полюбил Рахиль и согласился семь лет работать на Лавана, чтобы жениться на ней, но был обманут дядей, и оказался связан узами брака с его другой дочерью, Лией. Ему пришлось пообещать Лавану еще семь лет труда, чтобы получить в жены и Рахиль. Иаков наконец женился на Рахили, которую любил больше Лии.

По милости Божьей, нелюбимая мужем Лия рожала сыновей одного за другим. На свет появились Рувим, Симеон, Левий и Иуда. Иаков любил Рахиль, но та не могла родить ему сыновей. Из ревности к сестре она предложила мужу в жены свою служанку Валлу. От этой связи родились Дан и Неффалим. Когда Лия более не могла зачать ребенка, она предложила Иакову в жены служанку Зелфу, которая родила Гада и Асира.

Позже Лия выменяла у Рахили на мандрагоровые яблоки, собранные в поле ее первым сыном Рувимом, право лечь с мужем в постель. Она родила сына Иссахора и дочь Дину. Потом Бог вспомнил о неплодной Рахили и открыл ее утробу, она родила сына Иосифа. После рождения Иосифа Бог повелел Иакову пересечь реку Иавок и вернуться на родину вместе со своими женами, двумя служанками, одиннадцатью сыновьями.

Два десятилетия терпел Иаков в доме у Лавана. В молитве и смирении он боролся с тем, кого Библия назвала Некто, у реки Иавок по дороге домой. В результате этой борьбы повредился бедренный сустав Иакова. Он получил новое имя «Израиль» (Бытие 32:28). Иаков примирился с братом Исавом и стал жить в земле Ханаанской. Он обрел благословения, став основателем Израиля. Здесь его жена Рахиль родила его последнего сына, Вениамина.

Двенадцать колен сынов Израилевых – богоизбранный народ

Любимого сына Израиля Иосифа братья из ревности продали в рабство в Египет, когда тому было всего 17 лет. По промыслу Божьему в тридцатилетнем возрасте Иосиф стал властителем Египта, вторым после царя. Зная о том, что в Ханаане наступит жесточайший голод, Бог сначала послал в Египет Иосифа, а потом позволил всей семье придти туда и стать со временем многочисленным народом.

В Бытии 49:3-28 Израиль перед смертью благословляет двенадцать сыновей. Вот двенадцать колен Израиля:

«Рувим, первенец мой!
ты -- крепость моя и начаток силы моей...(ст. 3).
Симеон и Левий братья,
* орудия жестокости мечи их (ст. 5).*
Иуда! тебя восхвалят братья твои (ст. 8).
Молодой лев Иуда, с добычи,
сын мой, поднимается (ст. 9).
Завулон при береге морском будет жить (ст. 13).
Иссахар осел крепкий,
лежащий между протоками вод (ст. 14).
Дан будет судить народ свой,
как одно из колен Израиля (ст. 16).
Гад, -- толпа будет теснить его,
но он оттеснит ее по пятам (ст. 19).
Для Асира -- слишком тучен хлеб его... (ст. 20).
Неффалим -- теревинф рослый,
распускающий прекрасные ветви (ст. 21).
Иосиф -- отрасль плодоносного дерева... (ст. 22).
Вениамин, хищный волк... (ст. 27)».

Это двенадцать колен сынов Израилевых. Вот, что сказал им отец, благословляя их, давая каждому соответствующее благословение. Благословения были различны, потому что каждый сын (колено) имел свою индивидуальность, характер, дела.

Через Моисея Бог дал Закон двенадцати коленам Израиля, вышедшим из Египта, и повел к земле Ханаан, где текли молоко и мед. Во Второзаконии 33:6-25 мы видим, как Моисей благословляет народ перед своей смертью:

«Да живет Рувим, и да не умирает,
и да не будет малочислен! (ст. 6)
...услыши, Господи, глас Иуды и
приведи его к народу его (ст. 7).
И о Левии сказал: туммим Твой и
урим Твой на святом муже Твоем... (ст. 8).
О Вениамине сказал: возлюбленный
Господом обитает у Него безопасно... (ст. 12).
Об Иосифе сказал: да благословит Господь
землю его вожделенными дарами неба,
росою и дарами бездны, лежащей внизу... (ст. 13).
...это тьмы Ефремовы,
это тысячи Манассиины (ст. 17).
О Завулоне сказал: веселись, Завулон, в путях твоих,
и Иссахар, в шатрах твоих(ст. 18).
О Гаде сказал: благословен
распространивший Гада (ст. 20).
О Дане сказал: Дан молодой лев, который
выбегает из Васана (ст. 22).
О Неффалиме сказал: Неффалим

32

насыщен благоволением и исполнен
благословения Господа... (ст.23).
...благословен между сынами Асир,
он будет любим братьями своими...(ст. 24)».

Левий и весь род его был отделен из сыновей для служения Богу. Двое сыновей Иосифа, Манассия и Ефрем, сформировали два колена и заняли место Левия.

Имена двенадцати колен

Как можем обрести спасение и пройти сквозь двенадцать ворот, на которых написаны имена, мы, не принадлежащие к двенадцати коленам и не являющиеся прямыми потомками Авраама?

Ответ находим в книге Откровения 7:5-8:

«Из колена Иудина запечатлено двенадцать тысяч; из колена Рувимова запечатлено двенадцать тысяч; из колена Гадова запечатлено двенадцать тысяч; из колена Асирова запечатлено двенадцать тысяч; из колена Неффалимова запечатлено двенадцать тысяч; из колена Манассиина запечатлено двенадцать тысяч; из колена Симеонова запечатлено двенадцать тысяч; из колена Левиина запечатлено двенадцать тысяч; из колена Иссахарова запечатлено двенадцать тысяч; из колена Завулонова запечатлено двенадцать тысяч; из колена Иосифова запечатлено двенадцать тысяч; из колена Вениаминова

запечатлено двенадцать тысяч».

В этом стихе имя колена Иуды записано первым, за ним следует имя Рувима, в отличие от книг Бытие и Второзаконие. Имя Дана вычеркнуто, а имя Манассии добавлено.

О серьезном грехе, совершенном коленом Дана, мы читаем в 3-й книге Царств 12:28-31:

> *«И, посоветовавшись, царь сделал двух золотых тельцов, и сказал народу: не нужно вам ходить в Иерусалим; вот боги твои, Израиль, которые вывели тебя из земли Египетской. И поставил одного в Вефиле, а другого в Дане. И повело это ко греху, ибо народ стал ходить к одному из них, даже в Дан. И построил он капище на высоте, и поставил из народа священников, которые не были из сынов Левииных».*

Иеровоам, первый царь Южного Царства -- Израиля, решил, что, если народ будет приносить жертвы так же, как и в храме Господа в Иерусалиме, они опять смогут показать таким образом свою верность господу Ровоама в Иудее. Царь повелел возвести двух золотых тельцов в Вефиле и Дане. Он запретил народу приносить жертвы Богу в храме Иерусалима и заставил их служить в Вефиле и Дане.

Колено Дана совершило грех идолопоклонства. Они избирали священниками людей, не принадлежавших колену Левия. Они произвольно установили праздник в пятнадцатый день восьмого месяца, подобный празднику, имевшемуся в Иудее. Бог не мог простить таких грехов и оставил их.

Таким образом, имя Дана было вычеркнуто, его место занял Манассия. О том, что добавится имя Манассии, было дано пророчество еще в Бытии 48:5. Иаков сказал своему сыну Иосифу:

> «И ныне два сына твои, родившиеся тебе в земле Египетской, до моего прибытия к тебе в Египет, мои они; Ефрем и Манассия, как Рувим и Симеон, будут мои».

Иаков, основатель Израиля, уже подтвердил, что Манассия и Ефрем становятся его сыновьями. В Новом Завете в книге Откровение мы находим, что имя Манассии вписано вместо Дана.

Факт появления имени Манассии среди имен двенадцати колен сынов Израиля, хоть он не являлся одним из вождей Израиля, указывает на то, что язычники займут место Израиля и обретут спасение.

Двенадцать племен Израиля Бог поставил в основание народа. Около двух тысяч лет назад Он открыл врата к омытию наших грехов драгоценной кровью Иисуса Христа, пролитой Им на кресте, и позволил получить спасение любому, кто верует.

Бог избрал народ Израиля из двенадцати племен и назвал их Своим народом. Но, поскольку они не следовали волей Божьей, Евангелие перешло к язычникам.

Язычники заняли место богоизбранного народа, как привитая ветвь дикой маслины становится оливковым деревом. В Послании к Римлянам 2:28-29 сказано:

«Ибо не тот Иудей, кто таков по наружности, и не то обрезание, которое наружно, на плоти; но тот Иудей, кто внутренно таков, и то обрезание, которое в сердце, по духу, а не по букве: ему и похвала не от людей, но от Бога».

Язычники заменили народ Израиля в Божьем промысле точно так же, как Манассия заменил Дана, вычеркнутого из числа колен сынов Израиля. Поэтому язычники, если будут иметь соответствующие качества веры, войдут в Новый Иерусалим через двенадцать ворот.

Спасение обретут не только принадлежащие к двенадцати коленам сынов Израилевых, но и те, кто верой становятся потомками Авраама. Когда язычники приходят к вере, Бог рассматривает их уже не как язычников, а как сынов двенадцати колен. Все народы мира получат спасение через двенадцать ворот -- это и есть праведность Божья.

Понятие «двенадцать колен Израиля» духовно относится ко всем детям Божьим, спасенным по вере. Бог написал имена двенадцати колен на двенадцати воротах Нового Иерусалима, чтобы символизировать этот факт.

Как разные страны и регионы мира отличаются друг от друга, так будет отличаться на Небесах слава каждого из двенадцати колен и двенадцати ворот.

Имена двенадцати учеников записаны на двенадцати основаниях

С какой целью на двенадцати основаниях Нового Иерусалима написаны имена двенадцати учеников?

Когда строится здание, сначала закладывается фундамент. По глубине котлована легко определяются размеры строительства. Фундамент крайне важен, так как на нем держится все здание.

Подобно этому в Новом Иерусалиме были положены двенадцать оснований, на которых воздвигли стены и двенадцать колонн, а между ними двенадцать ворот. Двенадцать оснований и двенадцать колонн грандиозны по размеру. Мы будем говорить об этом подробно в следующей главе.

Двенадцать оснований важнее двенадцати ворот

Закон - лишь тень грядущего. Ветхий Завет является тенью Нового Завета, потому что в Ветхом Завете пророчествуется об Иисусе, будущем Спасителе. Новый Завет повествует о служении Иисуса, пришедшего в этот мир, исполнившего пророчества и явившего путь спасения (Евреям 10:1).

Бог положил основание целого народа через двенадцать колен Израиля, провозгласил Закон через Моисея, учил двенадцать учеников через Иисуса, исполнившего Закон любовью, сделал учеников свидетелями Господа до краев земли. Двенадцать учеников – это герои, благодаря которым исполнился Закон Ветхого Завета и выстроился город Новый Иерусалим; они -- не тень, но образ.

Следовательно, двенадцать оснований Нового

Иерусалима более важны, чем двенадцать ворот, а роль двенадцати учеников важнее роли, которую исполнили двенадцать колен сынов Израилевых.

Иисус и Его двенадцать учеников

Иисус, Сын Божий, пришедший в мир во плоти, начал Свое служение в возрасте 30 лет, призвал учеников и наставил их. Когда пришло время, Иисус наделил Своих учеников силой изгонять бесов, исцелять больных. В Евангелии от Матфея 10:2-4 даны имена учеников:

«Двенадцати же Апостолов имена суть сии: первый Симон, называемый Петром, и Андрей, брат его, Иаков Зеведеев и Иоанн, брат его, Филипп и Варфоломей, Фома и Матфей мытарь, Иаков Алфеев и Леввей, прозванный Фаддеем, Симон Кананит и Иуда Искариот, который и предал Его».

По велению Иисуса они проповедовали Евангелие, творили дела Божьей силы. Они свидетельствовали о Живом Боге и привели многие души к спасению. Все ученики, кроме Иуды Искариота, подстрекаемого сатаной и продавшего Иисуса, свидетельствовали о воскресении и вознесении, и получили Святой Дух после горячих молитв.

Господь дал им Великое Поручение, они обрели Святой Дух, силу и стали свидетелями Господа в Иерусалиме, по всей Иудее и Самарии и до краев земли.

Матфий заменил Иуду Искариота

Деяния 1:15-26 повествуют, как ученики искали замену Иуде Искариоту. Они молились Богу и бросили жребий. Они поступили так, потому что хотели все сделать по воле Божьей, не привлекая человеческое рассуждение. Они избрали Матфия из тех, кого учил Иисус.

Вот причина, по которой Иисус, зная о будущем предательстве Иуды Искариота, все-таки избрал его себе учеником. Новоизбранный Матфий символизирует то, что даже язычники обретут спасение. Это также означает, что избранные слуги Божьи сегодня занимают место Матфия. Со времени воскресения и вознесения Господа Бог избрал Себе многих слуг; каждый, кто становится един с Господом, может быть избран одним из учеников Господа, как это произошло с Матфием.

Слуги Божьи, избранные Богом, всегда подчиняются воле Господина. Если слуги Божьи не подчиняются Его воле, они таковыми не являются.

Двенадцать учеников, включая Матфия, уподобились Господу, достигли святости, слушались учения Господа и полностью исполняли волю Бога. Они основали мировую миссию, исполнили свой долг до самой мученической смерти.

Имена двенадцати учеников

Спасенные по вере, но не освятившиеся или не проявившие веру всему Божьему дому, смогут посещать Новый Иерусалим по приглашению, но не смогут там обитать всегда. Поэтому причина, по которой имена двенадцати учеников написаны на двенадцати основаниях, напоминает нам, что только освященные и верные всему дому Божьему могут войти в Новый Иерусалим.

Двенадцать колен сынов Израилевых символизируют всех спасенных по вере детей Божьих. Освященные и верные всему дому Божьему отвечают требованиям для вхождения в Новый Иерусалим. По этим причинам двенадцать оснований более важны, и поэтому имена двенадцати учеников написаны не на двенадцати воротах, а на двенадцати основаниях.

Зачем Иисус избрал двенадцать учеников? В Своей совершенной мудрости Бог исполняет Свой промысел. Так, мы знаем, что Иисус избрал двенадцать учеников тоже согласно Божьему намерению.

Бог основал двенадцать колен в Ветхом Завете и избрал двенадцать учеников в Новом Завете, используя «12», число «света» и «совершенства». Тень Ветхого Завета и образ Нового Завета становятся парой.

Бог не изменил Себе и Своему намерению, Он исполняет Слово. Поэтому мы должны верить всему Слову Божьему, записанному в Библии, подготавливаться как невесты Господни к Его приходу, обретать необходимые качества, чтобы войти в Новый Иерусалим, как двенадцать учеников.

Иисус сказал нам в Откровении 22:12: *«Се, гряду скоро, и возмездие Мое со Мною, чтобы воздать каждому по делам его».*

Какую христианскую жизнь следует вам вести, если вы истинно верите, что Господь грядет вскоре? Нельзя успокаиваться на том, что вы получили спасение верой в Иисуса Христа, надо оставлять свои грехи и быть верными своим обязанностям.

Я молюсь во имя Господа Иисуса Христа, чтобы вы обрели вечную славу и благословения в Новом Иерусалиме, как отцы веры, чьи имена написаны на двенадцати вратах и двенадцати основаниях!

Глава 3

Размер Нового Иерусалима

*Говоривший со мною имел золотую трость
для измерения города и ворот его и стены его.
Город расположен четвероугольником,
и длина его такая же, как и широта.
И измерил он город тростью
на двенадцать тысяч стадий;
длина и широта и высота его равны.
И стену его измерил во сто сорок четыре локтя,
мерою человеческою,
какова мера и Ангела.*

- Откровение 21:15-17

Некоторые верующие считают, что все спасенные по вере войдут в Новый Иерусалим, или неправильно подразумевают под Новым Иерусалимом все небесное царство. Новый Иерусалим -- еще не все небесное царство, он -- часть его безграничных Небес. Только истинные дети Божьи, святые и освященные, смогут войти туда. Насколько велик небесный город, приготовленный Богом для Своих истинных детей?

Для лучшего понимания, давайте, обратимся к величайшему инженерному сооружению в истории человечества, Великой Китайской Стене. Общая длина стены составляет 2.700 км, с учетом всех ответвлений -- около 6.500 км. Грандиозная стена протянулась с востока на запад, пересекая многие горы и равнины, пустыни, шесть крепостей и два города. Вы пробовали представить начало и конец стены? Это одно из семи чудес света, которое очень многие люди непременно хотят увидеть своими глазами.

Новый Иерусалим на Небесах гораздо больше Великой Китайской Стены. Давайте, поговорим о его размере, форме и духовном значении.

Золотая трость для измерения

Естественно, что истинно верующие и горячо надеющиеся на Новый Иерусалим, желают знать, каковы форма и размеры небесного города. Ведь это место для освященных Божьих детей, в полноте уподобившихся Господу. Бог создал Новый Иерусалим прекрасным и величественным.

В Откровении 21:15 мы читаем об ангеле с золотой тростью для измерения ворот и стен Нового Иерусалима. Зачем Богу нужно измерять Новый Иерусалим золотой тростью?

Измерение золотой тростью

Золотая трость – это тростина, своего рода, линейка для измерения расстояния на Небесах. Если вы знаете значение слов «золотой» и «трость», вы поймете причину, по которой Бог измеряет Новый Иерусалим именно золотой тростью.

Слово «золото» здесь подразумевает «веру», так как золото не меняет своих качеств. В Иова 23:10 Иов признается: *«Но Он знает путь мой; пусть испытает меня, - выйду, как золото».* Таким образом, «золотой» в фразе «золотая трость» означает, что Божье измерение точно и неизменно, все Его обетования исполняются.

Тростник - высокий и мягкий по краю. Он легко гнется под порывом ветра, но не ломается; он гибок и крепок одновременно. Тростник имеет узелки по длине стебля, в духовном плане означающие, что Бог награждает верующего по делам.

Причина, по которой Бог измеряет город Новый Иерусалим золотой тростью, состоит в том, чтобы аккуратно измерить веру каждого и воздать каждому по его делам.

Давайте, рассмотрим характеристики и духовное значение тростника, чтобы понять, почему Бог меряет Новый Иерусалим именно золотой тростью.

Характеристики тростника

Первое, тростник имеет очень длинные и крепкие корни. Растения 1—3-метровой высоты растут по болотам, по берегам рек и озер. Тростник довольно сложно вырвать с корнем из почвы.

Подобно ему, дети Божьи тоже должны быть укоренены в вере и крепко стоять на камне истины. Только имея неизменную, неколебимую ни при каких обстоятельствах веру, сможем мы взойти в Новый

Иерусалим, который измеряется золотой тростью. Поэтому апостол Павел в молитве за верующих в Эфесе желал им: «...*верою вселиться Христу в сердца ваши, чтобы вы, укорененные и утвержденные в любви...*» (Ефесянам 3:17).

Второе, тростник имеет очень мягкий край. Иисус, мягкий и кроткий сердцем, напоминающим тростник, никогда не ссорился и не кричал. Он не отвечал на злословия в свой адрес, не вступал в конфликт.

Поэтому те, кто уповает на Новый Иерусалим, должны и в этом уподобляться Иисусу. Если вы чувствуете неудобство, когда указывают на ваши ошибки или когда вам делают замечание, это означает, что в вашем сердце все еще есть гордыня. Если сердце ваше мягкое как пух, вы с радостью примите замечания, без сожаления и недовольства.

Третье, тростник легко склоняется на ветру, но его трудно сломать. Ураганные ветры с корнем вырывают огромные деревья, но тростник обычно остается на корню, будучи очень гибким. У нас в Корее существует поговорка, в которой ум и сердце женщины сравниваются с тростником - в негативном контексте. Но Божье сравнение совершенно иное. Тростник мягок, на первый взгляд, очень слаб, но силен устоять под порывами ветра, цветет красивыми и изящными белыми цветами.

Тростник обладает такими качествами, как мягкость, сила, красота. Символически эти качества применимы к государству Израиль. Его территория и население сравнительно малы, он окружен враждебными соседями. Но Израиль, при кажущейся слабости, «не ломается» ни при каких обстоятельствах. Его крепкая вера в Бога укоренена еще праотцами веры, начиная с Авраама. Эта вера позволяет Израилю стоять крепко.

Так и мы, если хотим войти в Новый Иерусалим, должны глубоко верить, никогда не запинаться в своем хождении, укореняться в Иисусе Христе, скале нашей, подобно тростнику.

Четвертое, стебель тростника - прямой и гладкий, поэтому его часто применяют как строительный материал при сооружении крыш, для изготовления стрел, перьевых ручек. Прямой стебель олицетворяет движение вперед. Веру можно назвать живой только, если она развивается. Те, кто работают над собой, ежедневно возрастают в вере и двигаются вперед, к Небесам.

Бог избирает добрые сосуды из тех, кто стремится к Небесам, очищает и совершенствует их, чтобы они были достойны войти в Новый Иерусалим. Как листья тростника вырастают на прямом стебле и тянутся вверх, так должны мы стремиться к Небесам.

Пятое, многие поэты слагали стихи о белых изящных цветах тростника, изображая мирные пейзажи. Во 2-ом послании Коринфянам 2:15 сказано: *«Ибо мы Христово благоухание Богу в спасаемых и в погибающих»*, то есть христиане, стоящие на камне веры, источают благоухание Христа. Верующие, имеющие такое сердце, обычно даже выражением своего лица несут благодать и покой Небес окружающим их людям. Чтобы войти в Новый Иерусалим, мы должны издавать прекрасное благоухание Христа, подобно белым изящным цветам и листьям тростника.

Шестое, у тростника узкие, достаточно острые листья, о которые можно порезать руку, если за них ухватиться. Подобно этому, мы, имеющие веру, не должны идти на компромисс с грехами: словно острым клинком мы отрезаем зло из своей жизни.

Даниил стал министром в великой Персии и любимцем царя. По наговору нечестивцев-завистников его бросили в ров со львами. Он не пошел на компромисс, твердо держался своей веры. За это Бог послал ему ангела, закрывшего пасти львам. Даниил прославил Бога в присутствии царя и всего народа.

Богу угодна вера Даниила, не идущая на компромисс с миром. Он защищает тех, кто с верой переносит тяготы и невзгоды, позволяет им прославить Его. Он благословляет их куда бы они ни пошли и делает их *главою, а не хвостом»* (Второзаконие 28:1-14).

В Притчах 8:13 сказано: *«Страх Господень - ненавидеть зло».* Если есть зло в сердце верующего, его надо искоренить в посте и молитве. Только с освященным сердцем можно войти в Новый Иерусалим.

Мы узнали причину, по которой Бог измеряет Новый Иерусалим золотой тростью, рассмотрев шесть характеристик тростника. Золотая трость указывает на то, что Бог тщательно измеряет нашу веру и вознаграждает нас по делам, совершенным нами в этой жизни. Так Он исполняет данные Им обетования. Я надеюсь, что вы будете избегать всякого рода зла и освящаться сердцем, уподобляясь Господу.

Четырехсторонний Новый Иерусалим

Бог подробно записал размеры и форму Нового

Иерусалима в Библии. Откровение 21:16 сообщает нам, что город имеет форму куба, сторона которого равна 12.000 стадиям. Некоторые, читая об этом, беспокоятся, не будут ли они ощущать дискомфорт от замкнутого пространства. Бог создал внутреннее пространство Нового Иерусалима удобным и приятным. Снаружи нельзя ничего увидеть, но изнутри стены прозрачные. Не стоит беспокоиться: вы не почувствуете никаких неудобств, оказавшись в стенах города.

Четырехугольная форма Нового Иерусалима

С какой целью Бог создал Новый Иерусалим четырехугольной формы? Равносторонний куб символизирует порядок, аккуратность, справедливость и праведность небесного Града. Бог держит под контролем бесчисленные звезды, луну, солнце, солнечную систему и вселенную. Бог создал Новый Иерусалим кубической формы, показывая этим, что Он управляет вселенной и историей, что Он исполнит все с точностью до самого конца.

Новый Иерусалим имеет равные стороны, двенадцать ворот и двенадцать оснований - по три на каждой стороне. Это символизирует следующее: где бы ни жил на земле человек, к нему будут справедливо приложены правила и требования для входа в Новый Иерусалим. То есть люди, соответствующие меркам золотой трости, войдут в Новый Иерусалим, независимо от пола, возраста и национальности.

Справедливый Бог судит праведно и точно. Квадрат символизирует север, юг, восток и запад. Бог, создавший

Новый Иерусалим, призывает Своих совершенных детей из всех наций, со всех четырех сторон света.

6000 *ри* шириной, длиной и высотой

В Откровении 21:16 сказано: *«Город расположен четвероугольником, и длина его такая же, как и широта. И измерил он город тростью на двенадцать тысяч стадий; длина и широта и высота его равны».* Двенадцать тысяч стадий, по системе, принятой в Израиле, соответствуют приблизительно шести тысячам ри в традиционной системе мер Кореи, или двадцати четырем тысячам километров. Таким образом, сторона куба Нового Иерусалима равна 6000 *ри*.

Также Откровение 21:17 сообщает нам: *«И стену его измерил во сто сорок четыре локтя, мерою человеческою, какова мера и Ангела».* Сто сорок четыре локтя равняются 65 метрам. Поскольку город Новый Иерусалим огромен, стены его тоже несравненно мощны.

Духовное значение 6000 *ри*

С какой целью Бог сделал ширину, длину и высоту города Нового Иерусалима по 6000 *ри*? В этом мы находим абсолютное Божье провидение.

Значение ширины и длины в 6000 *ри*

В Бытии 1 мы читаем о том, как Бог создал небеса и землю в шесть дней, а в седьмой день почил. Во 2-м посл. Петра 3:8 нам напоминается: *«Одно то не должно быть сокрыто от вас, возлюбленные, что у Господа один день, как тысяча лет, и тысяча лет, как один день».* Подобно тому, как Бог отдыхал в седьмой день после творения, наступит Тысячелетнее Царство покоя после завершения 6000 лет человеческого взращивания.

После того как Адама и Еву Бог изгнал из Эдемского сада, Бог занялся совершенствованием человека на земле. Когда завершатся 6000 лет человеческого взращивания, истинные и полностью освященные дети Божьи войдут в Новый Иерусалим. Для того чтобы символически показать, что период человеческой цивилизации составляет 6000 лет, Бог создал равными стороны куба Нового Иерусалима длиной в 6000 *ри*.

Это не означает, однако, что история земли длится всего 6000 лет. До того, как Адам вкусил плода от дерева познания добра и зла, он очень долгое время жил в саду Эдема. После того, как Бог заповедал человеку не есть от дерева познания добра и зла, Адам долго исполнял эту заповедь, за это время у него родилось много детей, как ему велел Бог.

За этот весьма длительный период времени, пока Адам находился в саду Эдема, на земле появлялось и умирало много живых существ. Поэтому «6000 *ри»* включает только тот отрезок времени, который отсчитывается от момента, когда Адам съел плод от запретного древа и был изгнан на землю.

В память о 6000 *ри* человеческого взращивания

Бог установил ширину и длину сторон Нового

Иерусалима в 6000 *ри* для напоминания людям как в городе, так и вне его о том, что они пришли на Небеса после 6000 лет человеческого взращивания.

Человеку свойственно многое забывать со временем. Во многих случаях люди забывают о благодати, теряют благодарность сердца. Конечно, на Небесах сердца людские будут другими, неизменными, потому что люди станут духовными. Но все равно, по прошествии длительного времени, они в определенной степени забудут о том, что когда-то взращивались на земле.

По этому же принципу Бог установил Святое Причастие, в котором мы участвуем в воспоминание о благодати спасения через Крест Господа.

Духовное значение высоты в 6000 *ри*

С какой целью Бог установил высоту Нового Иерусалима в 6000 *ри*? Почему не 3000, 4000 или 5000 *ри*, а все-таки 6000 *ри*? Для того чтобы символически показать сосуд, в котором содержатся все плоды за 6000-летнюю историю человеческого взращивания.

Бог собирает, а потом вознаграждает Своих детей, поступавших по вере во время 6000 лет человеческого взращивания.

Как объясняется в главе 1-й, на высоте 6000 *ри* Нового Иерусалима находится вершина, где Бог сделался Триединым. Там Бог, существовавший как блестящий свет и звенящий голос, пронизывающий всю вселенную, замыслил взрастить человека, чтобы обрести истинных детей, стал Троицей: Отцом, Сыном и Святым Духом.

Итак, причина, по которой Бог установил вершину

на высоте 6000 *ри* Нового Иерусалима, состоит в том, что Он желал совершить процесс человеческого взращивания в период 6000 лет посредством Бога Троицы и как добрые плоды собрать вокруг Себя истинных Своих детей. Поэтому Бог послал Иисуса как Спасителя всего человечества и позволил Его распять, чтобы открыть дверь спасения. Он дает нам Святой Дух в дар и ведет нас в Новый Иерусалим, восстанавливая в нас потерянный образ Божий.

Бог избрал Корею при кончине мира

В разных странах приняты различные стандарты измерения расстояния. Израиль использует стадию, многие западные страны – милю, Корея – *ри*. Почему именно 6000 корейских *ри* составляют ширину, длину и высоту небесного града?

Причина, по которой период человеческого взращивания в 6000 лет соответствует 6000 *ри* ширины, длины и высоты, состоит в том, что Бог использует эту страну для исполнения Своего провидения при кончине мира.

Почему избрана Корея? Исторически так сложилось, что корейский народ всегда стремился к доброте, за что получил название «Благовоспитанная нация Востока». Кроткие сердцами корейцы никогда не вторгались на чужую территорию, хотя сами много раз становились объектом нападений. Поскольку корейцы всегда следовали добру, Бог изливает Свою благодать на всю страну.

Сегодня даже в таких преимущественно христианских регионах, как Западная Европа и США, не так-то много церквей. Но в Корее вы легко найдете церковь даже в самом отдаленном селении. Никто не отрицает, что Бог особым образом благословил Корею. В прошлом идолопоклонствующая Корея, с момента первой евангелизации сто лет назад, стала страной блестящей христианской культуры, посылающей и поддерживающей бесчисленных миссионеров по всему миру. Бог избрал Корею, изливает на нее благодать, использует как инструмент Святого Духа для того, чтобы провозглашать Евангелие и пробуждать души от духовного сна, и этим способствовать тому, чтобы многие народы приняли грядущего вскоре Господа.

Город Новый Иерусалим несравненно больше любого строения в этом мире, но не каждый, желающий войти туда, получит у Бога позволение. Это место исключительно для людей, чьи сердца уподобились сердцу Бога, чистому и прекрасному, как кристалл.

Справедливый Бог вознаграждает нас по делам, совершенным на земле. От того, насколько мы искоренили в себе грехи, освятились, приводили души к спасению и прославляли Бога, зависит, какие небесные обители мы получим.

Нужно отвечать духовным требованиям, определенным золотой тростью, чтобы унаследовать Небесный Иерусалим, место, где находится Престол Божий.

Я молюсь во имя нашего Господа Иисуса Христа, чтобы вы освятились, полностью исполнили свои обязанности, проявили верность всему дому Божьему и вошли в вечную небесную обитель - Новый Иерусалим.

Глава 4

Сотворен из чистого золота, камней драгоценных

*Стена его построена из ясписа,
а город был чистое золото,
подобен чистому стеклу.*

- Откровение 21:18

Мавзолей Тадж-Махал, шедевр индо-мусульманской архитектуры, является одним из наиболее известных культовых сооружений. За главным входом в храмовый комплекс расположен сад, окаймляющий воды бассейна, в которых отражается величественный купол усыпальницы из белого мрамора. Мавзолей построен таким образом, что солнечный свет, попадая внутрь, создает на стенах удивительные узоры. Говорят, что особенно красив Тадж-Махал в безоблачную лунную ночь.

Тадж-Махал был сооружен по приказу императора Великих Моголов Шах-Джахана в память о страстно любимой им жене Мумтаз-Махал, умершей при родах. Строительство усыпальницы началось в 1631 г. и продолжалось 22 года, практически разорив государственную казну.

Если бы в вашем распоряжении оказались все богатства мира и вы вознамерились бы соорудить обитель, в которой проведете вечность со своей возлюбленной, как бы выглядела эта обитель? Какие материалы вы бы использовали? Независимо от стоимости и сроков работ, невзирая на требуемое число строителей, вы наверняка пожелали бы воздвигнуть самое красивое и очаровательное здание на свете.

Так же и наш Небесный Отец замыслил Новый Иерусалим, несравнимый в своей красоте и богатстве материалов, вечным чертогом для себя и своих дорогих детей. Более того, каждый камень, из которого построен Новый Иерусалим, обладает особым значением, знаменуя наши земные тяготы, и все там источает вящее величие.

Стремящиеся в Новый Иерусалим всем своим сердцем, естественно, желают узнать побольше об этом прекрасном месте.

Бог ведает сердца таких людей, и посему дал нам обильный источник сведений о нем, таких, как его размеры, форма, даже толщина стен, в Библии.

Из чего же построен Новый Иерусалим?

Украшенный чистым златом и драгоценными камнями

Новый Иерусалим уготован Богом для Его чад, построен он из неугасимо сияющего злата и украшен драгоценностями. На Небе нет такого материала, как глина, бренная глина, меняющая облик со временем. Улицы Нового Иерусалима вымощены чистым золотом, а основания зданий сделаны из драгоценных камней. Если даже песок в реке жизни золотой и серебряный, насколько более великолепны здания этого города?

Новый Иерусалим: шедевр Божий

Среди наиболее известных архитектурных чудес этого мира нет ни одного похожего: их красота, изящество и ценность зависят от использованных в строительстве материалов. Мрамор намного изысканней песчаника, дерева или цемента.

Можете ли вы представить себе, сколь прекрасно будет здание, если построить его полностью из золота и драгоценных камней? Насколько более прекрасны будут небесные чертоги, возведенные из материалов неземной красоты!

Золото и драгоценности, сотворенные силой Божьей. весьма отличаются по своим качествам даже от лучших земных образцов. Их чистота и сияние несоизмеримо чище и не могут быть описаны словами.

Даже и на этой земле из одной и той же глины можно вылепить разные сосуды. В зависимости от мастерства гончара и стоимости материала, это может быть и простая лохань, и изысканная ваза. Богу потребовались тысячи лет, чтобы построить Новый Иерусалим – Его шедевр, драгоценное зерцало славы Творца.

Чистое золото как символ веры и жизни вечной

Чистое золото есть золото высочайшей пробы, лишенное каких-либо примесей, и являющееся единственным неизменным материалом на земле. Именно по этой причине во многих странах золото использовалось в качестве платежного средства, являясь и по сей день незаменимым ювелирным и промышленным материалом. Чистое золото обладает особым магнетизмом, прельщая к себе многих людей.

Бог создал золото, чтобы мы осознали, что есть такие вещи, которые никогда и ни при каких условиях не меняются, символизируя тем самым жизнь вечную. Предметы бренного мира умаляются и превращаются в прах. Не будь на земле материалов, не подверженных тлению, нам было бы трудно представить себе, что существует вечное Небо.

Потому-то Бог и открыл нам существование вечности, сотворив немеркнущее злато. Так нашему разумению открываются постоянство и надежда на вечное Небо. Чистое золото обозначает неизменную духовную веру. Посему мудрый да ищет веру, подобную золоту немеркнущему.

Многое на Небе сотворено из чистого золота. Сколь благодарны мы будем Богу за одну лишь возможность созерцать небесные чертоги из чистого золота, которое мы считали наивысшей ценностью в этом мире!

Однако лишенные мудрости ценят золото лишь как средство преувеличить или выставить на показ свое богатство. Потому они и держатся в стороне от Бога, не любят Его, и уготованы им геенна огненная и вечное сожаление:

«Я бы сейчас не страдал в аду, если бы при жизни ставил веру выше злата».

Поэтому я надеюсь, что вы будете мудрыми и обретете Небеса, обретая веру, а не злато мира сего, которое вам придется оставить в этом мире, когда придет ваш черед.

Драгоценные камни обозначают славу и любовь Божью

Драгоценные камни обладают высокой прочностью и способностью преломлять свет. Они излучают прекрасный свет. Будучи дефицитом, они пользуются любовью простых людей и спросом у ценителей. На Небе Бог дарует верующим в Него облачения из парчи, украшенные драгоценными камнями, в знак своей любви.

Люди любят драгоценные камни, украшают себя ими, чтобы выглядеть привлекательно. Сколь велика же милость Божья, расточающая драгоценные камни на Небесах?

Вы можете спросить: «Зачем на небе драгоценные камни?». Эти камни символизируют славу Божью, и чем больше Бог любит верующего, тем больше будет у него их на Небесах.

На Небе существует бесчисленное множество драгоценных камней всех цветов и оттенков. Двенадцать оснований Нового Иерусалима состоят из прозрачного темно-синего сапфира, травянисто-зеленого изумруда, темно-алого рубина, желто-зеленого хризолита. Вирилл обладает сине-зеленым оттенком, напоминающим о чистых водах океана, а топаз – светло-оранжевым цветом. Хризопраз имеет густо-зеленый цвет, а аметист синевато-розовый или красно-фиолетовый оттенок.

Существует бесчисленное множество других драгоценных камней, обладающих привлекательными цветами: яспис, халцедон, сардоникс и яхонт. Все эти камни обладают своими названиями и свойствами, подобно земным минералам. В сочетании название и цвет минерала символизируют достоинство, гордость, ценность и славу.

Небесные минералы, ограненные силой Творца

Подобно земным минералам, по-разному преломляющим свет, небесные камни обладают различными оттенками, а сокровища Нового Иерусалима по-особенному сияют в двойных и тройных лучах света.

Очевидно, что эти камни несравнимо более прекрасны тех, которые можно найти на земле, потому что сам Господь Бог огранил их своей силой Творца. Поэтому апостол Иоанн и сказал, что краса Нового Иерусалима подобна самым драгоценным камням.

Кроме того, сокровища Нового Иерусалима сияют намного ярче, чем земные, потому что чада Божьи, входящие в сей град, воистину угодны Богу, ибо они в полной мере воздали славу Ему. Оттого и внешние стены, и внутренние в Новом Иерусалиме украшены драгоценными камнями всех цветов. Но достаются они верующим по их заслугам, согласно их подвигам веры в этом мире.

Из чего построены стены Нового Иерусалима?

Есть во граде том внешняя стена и внутренняя,

сделаны они: одна - из ясписа, другая -- из чистого золота. Но это не значит, что внешняя и внутренняя стены отделены друг от друга, напротив, они подобны двум сторонам листа бумаги. Снаружи стены украшены ясписом, внутри – чистым золотом. Яспис этот украшен тончайшими узорами, отражая Божью мудрость.

Стены Нового Иерусалима из ясписа

В Откровении 21:18 сказано, что стены Нового Иерусалима «сделаны из ясписа». Представьте себе, сколь величественен будет вид Нового Иерусалима, построенного из ясписа!

Яспис означает духовную веру

Яспис, который можно найти на этой земле, обычно представляет собой разновидность прочной, непрозрачной яшмы. Ее оттенки могут быть различными - от зеленого до красного и желто-зеленого. Яшма может быть пятнистой, включая вкрапления разных цветов. В зависимости от цвета различается прочность минерала. Яспис является достаточно недорогим камнем, некоторые его сорта довольно хрупкие. Но небесный яспис, сотворенный Богом, будет эталоном прочности и неизменности. У небесного ясписа оттенок светло-голубой, он прозрачен и похож на чистейший лед. Хотя его не с чем сравнить в этом мире, он несколько напоминает бриллиант и голубоватые солнечные блики, отраженные в волнах океана.

Небесный яспис символизирует духовную веру. Вера есть наиболее фундаментальная ценность любого христианина. Без веры невозможно ни получить спасение, ни угодить Богу. Более того, без угодной Богу веры не войти человеку в Новый Иерусалим.

Поэтому Новый Иерусалим построен на вере, а драгоценным камнем, символизирующим цвет веры, является яспис. Потому стены Нового Иерусалима и сделаны из ясписа.

Если бы в Библии было сказано, что стены Нового Иерусалима сделаны из веры, смогли бы люди понять смысл этого выражения? Конечно же скудость человеческой мысли тогда не позволила бы нам в полной мере представить себе красу Нового Иерусалима.

Стены, украшенные ясписом

Стены, сделанные из ясписа, чисто сияют в лучах славы Божьей, они умащены различными узорами и украшениями.

Град небесный Новый Иерусалим есть шедевр Бога Творца и обитель вечной жизни для лучших представителей рода людского за все 6000 лет возделывания человечества. Сколь же величественен, красив и блистателен будет этот город?

Мы должны понять, что Новый Иерусалим сооружен с использованием таких технологий и устройств, которые мы себе и представить не можем.

Как было объяснено в главе 3-й, хотя стены и прозрачны, внутренние помещения не видны снаружи.

Но это не значит, что обитатели города будут чувствовать себя пленниками за крепостными стенами. Жителям Нового Иерусалима будет открываться панорама его окрестностей, как будто никаких стен нет вовсе. Как же прекрасно будет это чудо!

Сотворенный из чистого золота, подобен чистому стеклу

В завершающих стихах Откровения сказано: *«Город был чистое золото, подобен чистому стеклу»* (21:18). Рассмотрим же характеристики золота, чтобы лучше представить себе Новый Иерусалим и его красоту.

Чистое золото обладает немеркнущей ценностью

Золото не окисляется в воздухе или в воде. Оно не меняется со временем и не вступает в реакции с другими веществами. Золото всегда остается тем же, красивым и блестящим. На земле золото является мягким металлом, поэтому из него делают сплав; на Небе золото другое. Кроме того, на Небе и золото, и драгоценные камни, сияют по-иному, чем на земле, отражая славу Божью.

Даже в этом мире изящество и ценность сокровищ различаются в зависимости от искусства ювелира. Сколь же драгоценны и красивы сокровища Нового Иерусалима, к которым прикоснулся сам Бог?

На Небе нет ни жадности, ни вожделения к драгоценностям. На земле люди любят предметы роскоши из тщеславия, но на Небе в драгоценных

камнях ценят духовный смысл и ту любовь, которую
вложил в них Бог.

Бог построил Новый Иерусалим из чистого золота

Почему же тогда Бог построил Новый Иерусалим
из чистого золота, чистого, как стекло? Как было
уже объяснено, чистое золото, в духовном плане,
символизирует веру, надежду, рожденную через веру,
богатства, честь и власть. «Надежда, рожденная верой»
значит, что вы можете получить спасение, надежду
на Новый Иерусалим, очиститься от грехов, обрести
святость и ожидать вознаграждение за свою веру.

Поэтому Бог сделал свою столицу из чистого
золота, так чтобы всякий входящий в нее со страстной
надеждой навсегда исполнился благодарности и счастья.

В Откровении 21:18 сказано, что Новый Иерусалим
«подобен чистому стеклу». Это значит, что вид Нового
Иерусалима прекрасен. Золото на Небесах - чистое и
прозрачное, в отличие от непрозрачного золота на земле.

Новый Иерусалим прекрасен, лишен какого-либо
изъяна, будучи построен из чистого золота. Именно
потому и сравнил апостол Иоанн этот город с *чистым
золотом, подобным стеклу».*

Попробуйте представить себе Новый Иерусалим,
построенный из чистого, прекрасного золота и многих
других драгоценных материалов разных цветов.

Приняв Господа, я стал считать золото и драгоценные
камни такими же безделушками, как и все остальное

в этом мире, и никогда не хотел ими обладать. Я преисполнился надежды на Небеса и не любил то, что в бренном мире. Но однажды, когда я молился с целью узнать больше о Небе, Господь сказал мне: «На Небе все создано из прекрасных камней и золота, ты должен их любить». Это не значило, что мне следовало коллекционировать драгоценности. Вместо того, я должен был понять Божье провидение и духовное значение драгоценностей и полюбить их так, как угодно Богу.

Наставляю вас любить злато и драгоценные камни *духовно*. Когда вы видите золото, вы можете сказать себе: «Мне надлежит иметь веру, подобную чистому золоту». Когда увидите драгоценные камни, надейтесь на Небо, говорите себе: «Как прекрасна будет моя небесная обитель».

Я молюсь во имя Господа Иисуса Христа, чтобы вы обрели небесную обитель из нетленного злата и прекрасных камней, стяжав веру, подобную чистому золоту, и стремясь к Небесам.

Глава 5

Значение
Двенадцати оснований

Основания стены города украшены
всякими драгоценными камнями:
основание первое яспис, второе сапфир,
третье халкидон, четвертое смарагд,
пятое сардоникс, шестое сердолик,
седьмое хризолит, восьмое вирилл,
девятое топаз, десятое хризопрас,
одиннадцатое гиацинт,
двенадцатое аметист.

- Откровение 21:19-20

Апостол Иоанн написал, что стены Нового Иерусалима сделаны из ясписа, который обозначает духовную веру, а город построен из чистого золота, что символизирует надежду на перерождение по вере. Он также описал двенадцать оснований града. Почему Иоанн уделяет такое пристальное внимание Новому Иерусалиму? Бог желает, чтобы Его чада обрели жизнь вечную и веру истинную через знание духовного значения двенадцати оснований Нового Иерусалима.

Поэтому Божьи служители должны понять их значение

благодаря истовой молитве, дабы им надлежащим образом наставлять паству.

Почему же Бог сотворил двенадцать оснований из драгоценных камней? Сочетание двенадцати драгоценных камней обозначает сердце Христово и Божье, кульминацию любви. Поэтому если поймешь духовное значение каждого из двенадцати камней, то сможешь с легкостью понять, как далеко твое сердце от Христа и насколько позволительно тебе войти в Новый Иерусалим.

Давайте же рассмотрим духовный смысл двенадцати драгоценных камней.

Яспис: духовная вера

Яспис, или яшма, первое основание Нового Иерусалима, обозначает духовную веру. «Духовная вера» есть такая вера, благодаря которой христианин верит в Слово Божье всем своим сердцем. Если у вас есть такая вера, сопровождаемая делами, вы прямиком устремитесь к Новому Иерусалиму. Духовная вера является наиважнейшим элементом христианского образа жизни. Без веры нет и спасения, нет ответа на молитвы, нет надежды на Небеса.

Духовная вера есть основа жизни христианина

Послание к Евреям 11:6 напоминает нам: «*А без веры угодить Богу невозможно; ибо надобно, чтобы приходящий к Богу веровал, что Он есть, и ищущим Его воздает»*. Если обретешь истинную веру, уверуешь в Бога, и Он благословит тебя, и станешь тогда верным, воспротивишься греху, пойдешь по пути узкому. И сможешь тогда совершать благое и во след за Духом Святым войдешь в Новый Иерусалим.

Поэтому вера есть основа жизни христианина. Подобно тому, как здание не устоит без надлежащего фундамента, невозможно вести христианину должный образ жизни без крепкой веры. Потому и сказано в Посл. Иуды 1:20-21: *«А вы, возлюбленные, назидая себя на святейшей вере вашей, молясь Духом Святым, сохраняйте себя в любви Божией, ожидая милости от Господа нашего Иисуса Христа, для вечной жизни»*.

Вообще, веру можно разделить на «духовную» и «плотскую». В то время как плотская вера основывается исключительно на знании, духовная есть вера, увенчанная благими делами и идущая из самого сердца. Бог желает не плотской, а духовной веры. Если не имеешь духовной веры, то не совершишь благодеяний, не угодишь Богу и не войдешь в Новый Иерусалим.

Потому Бог сделал стены Нового Иерусалима из ясписа, символизирующего духовную веру, соделанную первым основанием, ведущим нас в Небесный Град.

Петр получил ключи от Царства небесного

Давайте рассмотрим личность человека, стяжавшего духовную веру. Какова была вера апостола Петра, чье имя написано на одном из оснований Нового Иерусалима? Даже до того, как он был назван апостолом, Петр уже слушался Христа; например, когда

Иисус сказал ему сложить рыбацкие сети, тот тут же повиновался (Лука 5:3-6). А когда Иисус повелел ему привести ослицу с осленком, он послушался с верой (Матфей 21:1-7). Послушался Петр, и когда Иисус сказал ему идти на озеро, поймать рыбу и достать из нее монету (Матфей 17:27). Более того, он ходил по воде, как Иисус, хотя это и длилось всего одно мгновение. Мы можем понять, что у Петра была весьма сильная вера.

В результате Иисус счел веру Петра праведной и дал ему ключи от Царства небесного, ибо, и что связал он на земле, то будет связано на Небесах, и что разрешил на земле, то будет разрешено на Небесах (Матфей 16:19). Петр обрел более совершенную веру после помазания Духом Святым, свидетельства об Иисусе Христе, посвящения своей жизни царствию Божью -- вплоть до мученической гибели.

Нам надлежит идти к Небесам подобно Петру, воздавать славу Богу и обрести Новый Иерусалим благодаря угодной Ему вере.

Сапфир: честность и прямота

Сапфир, второе основание Нового Иерусалима, обладает прозрачным темно-синим окрасом. Что же этот камень обозначает в духовном плане? Он символизирует честность и прямоту самой правды, противостоящей любым искушениям и угрозам мира сего. Сапфир обозначает лучи света истины, идущие неизменно прямо, и «прямое сердце», точно передающее волю Божью.

Даниил и три его друга

Хорошим примером духовной честности и прямоты в Библии служат Даниил и три его друга: Седрах, Мисах и Авденаго. Даниил не участвовал ни в чем, что бы противоречило воле Божьей, даже если б таков был приказ его господина -- царя. Праведность Даниила привела его в ров со львами. Его прямота была столь угодна Богу, что она послал ангелов охранять Даниила. Они удерживали пасть льва и позволили Даниилу прославить Бога.

В книге Пророка Даниила 3:16-18 повествуется о подвиге веры Даниила и трех его друзей, брошенных в открытое пламя. Чтобы не совершить грех идолопоклонства, они прямо исповедали свою веру царю:

«Отвечали Седрах, Мисах и Авденаго, и сказали царю Навуходоносору: нет нужды нам отвечать тебе на это. Бог наш, Которому мы служим, силен спасти нас от печи, раскаленной огнем, и от руки твоей, царь, избавит. Если же и не будет того, то да будет известно тебе, царь, что мы богам твоим служить не будем и золотому истукану, которого ты поставил, не поклонимся».

Наконец, несмотря на то, что их бросили в пламя, в семь раз сильнее, чем обычное, друзья Даниила не получили даже легких ожогов, потому что Бог был с ними. Как удивительно это чудо, ведь не сгорел ни один волос с их голов, от них даже не пахло гарью!

Царь, засвидетельствовавший это чудо, исповедал веру: «Тогда Навуходоносор сказал: благословен Бог Седраха, Мисаха и Авденаго, Который послал Ангела Своего и избавил рабов Своих, которые надеялись на Него и не послушались царского повеления, и предали тела свои [огню], чтобы не служить и не поклоняться иному богу, кроме Бога своего! И от меня дается повеление, чтобы из всякого народа, племени и языка кто произнесет хулу на Бога Седраха, Мисаха и Авденаго, был изрублен в куски, и дом его обращен в развалины, ибо нет иного бога, который мог бы так спасать» (Даниила 3:28-29). Царь воздал славу Богу и возвысил Даниила и его друзей.

Для того чтобы войти в Новый Иерусалим, мы должны иметь честные сердца, что и символизирует сапфир, второе основание. Пока у нас не будет честных сердец, подобных сердцу Даниила и его друзей, мы не сможем войти в Новый Иерусалим, хотя и попадем на Небо благодаря вере, достаточной для обретения спасения.

Следует просить в вере, не испытывая сомнений

В Послании Иакова 1:6-8 сказано, сколь ненавистны Богу лживые сердца:

« Но да просит с верою, нимало не сомневаясь, потому что сомневающийся подобен морской волне, ветром поднимаемой и развеваемой: да не думает такой человек получить что-нибудь от Господа. Человек с двоящимися мыслями не

тверд во всех путях своих».

Если у тебя нет честного сердца и ты сомневаешься в Боге даже самую малость, то, значит, ты -- человек с двоящимися мыслями. Сомневающиеся с легкостью поддаются искушениям мира сего, ибо сердца их непостоянны и лукавы. Более того, «двоемыслящие» не могут узреть славу Божью, ибо они не способны ни к вере, ни к послушанию. Потому-то и напоминает нам Библия: *«Да не думает такой человек получить что-нибудь от Господа»*.

Вскоре после основания моей церкви, мои дочери чуть было не умерли от отравления угарным газом. Но я не только не волновался за них, а даже не отвез их в больницу, потому что полностью доверился Всемогущему Богу. Я всего-навсего отправился в святилище, встал на колени и начал молиться с благодарностью. После чего я помолился в вере такими словами: «Повелеваю именем Иисуса Христа: ядовитый газ, изыди!». И после того мои дочери, пребывавшие до этого без сознания, встали с постели одна за другой - по мере того как я молился за каждую из них. Члены церкви, увидевшие это, с радостью и удивлением возблагодарили Бога.

Если мы обладаем бескомпромиссной верой, которая не идет ни на какие уступки этому миру, и наши честные сердца угодны Богу, мы можем беспрепятственно прославлять Его, и жизнь наша будет благословенна во Христе.

Халкидон:
невинность и жертвенная любовь

Халкидон, или халцедон, третье основание стен Нового Иерусалима, в духовном плане символизирует невинность и жертвенную любовь. Жертвенная любовь есть такая любовь, которая не требует ничего взамен. Обладающий жертвенной любовью довольствуется лишь тем фактом, что любит другого, не ища при этом собственной выгоды. Ведь духовная любовь альтруистична, нацелена лишь на благо для других.

Безответная плотская любовь приносит ощущение пустоты, разочарования и горя, потому что плотская любовь по природе своей эгоистична. Поэтому при одной лишь плотской любви, при отсутствии сердца жертвенного, человек может возненавидеть тех, с кем был раньше близок.

Мы должны осознавать, что истинная любовь есть любовь Господа, возлюбившего все человечество и ставшего искупительной жертвой.

Бескорыстная жертвенная любовь

Наш Господь Иисус, будучи плоть от плоти Сыном Божьим, сделал себя ничем, принизил себя, снизошел на землю во плоти и спас все человечество. Он родился в хлеву среди скота, чтобы спасти людей, уподобившихся животным, и вел жизнь нищего, чтобы спасти нас от духовной нищеты. Иисус исцелял больных, укреплял слабых, давал надежду потерявшим ее, становился другом отверженных. Он явил себя образцом благости и любви, но был осмеян, истязаем и распят. На голове Его был терновый венец, водруженный людьми злыми, не ведавшими, что Он и есть Спаситель.

Иисус даже во время крестных мук молил Бога Отца о прощении распинающих Его. Он был чист и безгрешен, но принес себя в жертву грешникам. Наш Господь даровал свою жертвенную любовь всему человечеству, и Он желает, чтобы мы любили друг друга. Потому и мы, получившие дар такой любви, не должны стяжать ничего взамен.

Зная о великой любви Господа, я никогда не желал зла кому-либо, хотя и был предаваем людьми многократно. Хотя даже некоторые, получившие благодать, отпали от церкви, стали лжесвидетелями, сплетниками и злодеями, я все еще люблю их и искренне молюсь о них.

Когда я помогал нуждающимся, я никогда не требовал ничего взамен. Я жертвовал своим временем, силами и средствами исключительно из чистой любви и сострадания к ним, а не из желания получить признание или ответное вознаграждение.

Подобно тому, лишь когда мы жертвует собой и не ожидаем награды, мы несем людям ту любовь, которую символизирует халкидон. Иисус обладал такой любовью и жертвенным сердцем, Он мог возлюбить даже Иуду Искариота, хотя и знал с самого начала, что тот Его предаст.

Филипп получил Божью силу в результате жертвенной любви

Превосходным библейским примером человека,

обладавшего невинной и жертвенной любовью, символизируемой халкидоном, является Филипп. Деяния 8:5-8 описывают его в деталях:

> *«Так Филипп пришел в город Самарийский и проповедывал им Христа. Народ единодушно внимал тому, что говорил Филипп, слыша и видя, какие он творил чудеса. Ибо нечистые духи из многих, одержимых ими, выходили с великим воплем, а многие расслабленные и хромые исцелялись. И была радость великая в том городе».*

Во времена первых христиан Филипп совершал знамения и чудеса, засвидетельствованные многими людьми, хотя сам был всего-навсего дьяконом. Такая власть могла быть дана Богом Всемогущим лишь полностью очистившимся ото зла, обретшим полноту любви и праведность в сердцах, послушным Его воле.

Как же мог Филипп получить такую силу от Бога? В Деяниях 8:26-40 повествуется о встрече ангела Господня с Филиппом. Ангел сказал ему: *«Встань и иди на полдень, на дорогу, идущую из Иерусалима в Газу, на ту, которая пуста»* (ст. 26). Он попросту выполнил повеление, даже не задумываясь о его смысле. По дороге Филиппу встретился эфиопский евнух, как и было усмотрено Богом, которого он с помощью проповеди обратил в веру и крестил. Евнух отправился к себе на родину, где стал сеять Благую Весть. Филипп был внимателен к голосу Духа Святого, потому что искоренил зло из своего сердца, обрел полноту любви и праведности Божьей. Именно поэтому смог он явить великую силу Божью, хотя был всего лишь дьяконом.

Более того, снизошедшая на Филиппа благодать распространилась и на его семейство, также по милости Божьей принесшее благой плод. В Деяниях 21:9 сказано: *«У него были четыре дочери девицы, пророчествующие»*. Мы можем заключить, что Дух Святой всегда вел и Филиппа, и его семью.

Нам тоже надлежит получить Божью силу через невинность и жертвенную любовь, обрести полноту царства Его и праведности, и обильно воздать хвалу Богу.

Смарагд: праведность и чистота

Смарагд, или изумруд, четвертое основание Нового Иерусалима, обладает зеленым тоном и символизирует красоту и нежность природы. Изумруд был первым драгоценным камнем, использовавшимся человеком в декоративных целях. В духовном плане этот камень обозначает праведность и чистоту, что значит – плод Духа:

«Плод Духа состоит во всякой благости, праведности и истине» (Ефесянам 5:9).

«Праведность», признаваемая Богом, есть очищение от грехов, полное следование заповедям Библии, освобождение от всего неправедного, верность в течение всей жизни и т.д. Это и поиск царства Божьего, и воли Его, прямые и дисциплинированные поступки, следование справедливости, неколебимая стойкость в правде и многое другое, признаваемое Богом в качестве «праведности».

Независимо от того, сколь благими и кроткими мы являемся, не сможем принести плод Духа, не будь мы праведными. Допустим, некто схватил вашего отца за горло и оскорбляет его, хотя тот невиновен. Тихо и смиренно наблюдать за таким бесчинством отнюдь не значит быть праведным: неисполнение сыновнего долга не есть праведность.

Посему и благость без праведности не есть духовная благость пред очами Божьими. Как может ум, изворотливый и нерешительный, не ведающий долга, быть благим? Следовательно, праведность без благости тоже ничтожна пред Богом, являясь лишь святошеством.

Праведность и чистота Давида

Иоав, военачальник царя Давида, обвинил Авенира в измене и убил его, потому что тот убил его младшего брата Асаила в Хевроне (2-я кн. Царств 3:22-30). Иоав учинил самосуд, чтобы отомстить за смерть своего брата. Более того, хотя Давид приказал Иоаву пощадить своего сына, узурпатора Авессалома, тот жестоко расправился с ним, опять же совершив самосуд (2-я кн. Царств 18:9-15). Иоав не мог действовать согласно Божьей праведности, потому что не обладал благим сердцем.

А, вместе с тем, добросердечный царь Давид искренне

оплакивал своего сына, хотя он предал его и даже покусился на его жизнь (2-я кн. Царств 18:33). Давид не считал свои собственные решения праведными, не прибегал к самосуду, но во всем был благ. Еще до того, как он унаследовал трон, Давид располагал двумя возможностями низложить царя Саула, покушавшегося на него самого. Но ни разу не поступил Давид несправедливо (1-я кн. Царств 24:4; 26:8-12).

Приносите плод Духа

Бог желает, чтобы мы были благими и праведными, как Давид. В то же самое время Бог желает, чтобы мы взращивали в себе благость и праведность, пока они не принесут плод Духа в истине.

Истина не предаст, не изменится в зависимости от ситуации, истина блюдет обетования. Давид всем сердцем своим любил Ионафана, сына царя Саула. и после смерти Ионафана отыскал его сына, вернул ему землю, разрешил трапезничать за царским столом (2-я кн. Царств 9:7). Давид преисполнился благости и праведности в сердце с помощью истины, которая неизменна.

Так как я всем сердцем знаю, что такова воля Божья, я продолжаю служить многим людям, через которых получил благословения, и мое к ним отношение не изменится до самого возвращения Господня. Особенно я благодарен приведшим меня к Богу и укрепившим мою веру. Я никогда не забуду их милосердие.

Таким же образом мы сможем принести обильный плод Духа, состоящий из благости, праведности и истины, лишь при верных сердцах. Поэтому изумруд, четвертое основание, обозначает плод Духа и преломляется светом праведности, угодным Богу.

Сардоникс: духовная верность

Сардоникс, пятое основание Нового Иерусалима, духовно символизирует верность. «Верность» здесь обозначает не просто исполнение богоданных обязанностей, но также и усердие, полное проявление наших способностей и отсутствие лени в исполнении долга. Вместе с тем, верность не сводится к исполнению супружеского или сыновнего долга, так как у каждого человека есть более фундаментальные обязанности. Выполнение работы качественно и в срок наемным работником тоже не может считаться исполнением долга.

Уподобимся Моисею, верному во всем дому Божьем

Верность, с точки зрения Бога, заключается в выполнении долга всем сердцем и разумом, изо всех сил, в течение всей жизни. Именно такая верность желанна в доме Божьем. Чтобы быть верным, христианин должен быть праведником, ибо невозможно пожертвовать собой, не обладая праведным сердцем.

Моисей был пророком, признанным Богом в такой степени, что Бог являл Себя ему лично. Моисей полностью исполнил свой долг, дабы совершить промысел Божий, нисколько не тяготясь собственной участью. Народ Израилев роптал и был непослушен при малейших трудностях на своем пути, даже после явленных Богом чудес и знамений. Но Моисей продолжал вести народ в вере и любви. Даже когда Бог осерчал на прегрешения своего народа, Моисей не отвернулся, а, напротив, попросил Бога об их прощении. Тогда обратился Моисей к ГОСПОДУ, говоря:

> *«О [Господи!], народ сей сделал великий грех: сделал себе золотого бога; прости им грех их, а если нет, то изгладь и меня из книги Твоей, в которую Ты вписал» (Исход 32:31-32).*

Он постился от имени народа, рисковал своей жизнью, показав больше верности, чем ожидал от него Сам Бог. Потому-то и признал Бог Моисея: *«Он верен во всем дому Моем»* (Числа 12:7).

Любить Бога всем сердцем - значит полностью посвятить Ему себя. Мы не должны любить Бога лишь частично. Ведь если мы полностью вверим свои сердца Богу, беспрекословно и с радостью исполняя долг верующего и уподобляясь сердцу Иисуса Христа, -- только тогда соделаемся мы верными во всем дому Божьему.

Верность пред ликом смерти

Более того, верность, которую символизирует сардоникс, есть верность даже пред ликом смерти, как об этом написано в Откровении 2:10. Это возможно, только если любишь Бога прежде всего. Такая верность подразумевает готовность отдать время и деньги, даже саму жизнь, служить, работать свыше сил и сердцем, и умом.

В стародавние времена правители опирались на преданных слуг, готовых пожертвовать собой ради царя и отечества. Если страной правил тиран, они пытались наставить его на путь истинный, рискуя собственной жизнью. Нередко самых преданных слуг отправляли в ссылку и казнили, но они хранили верность своему господину и всему народу, несмотря на опасность.

Мы должны прежде всего возлюбить Бога, и тогда найдутся у нас силы делать больше, чем от нас требуется, подобно героям прошлого, отдававшим свои жизни за народ, и подобно Моисею, верному дому Божьему. Поэтому и должны мы незамедлительно очиститься от греха и стать верными во всех сферах жизни -- ведь лишь тогда удостоимся Нового Иерусалима.

Сердолик: страстная любовь

Сердолик обладает прозрачным, темно-красным цветом и символизирует яркое солнце. Он является шестым основанием Нового Иерусалима и в духовном смысле обозначает страсть, энтузиазм, страстное стремление совершить Божье царство и обрести праведность. Таковыми качествами обладает сердце, готовое ревностно и от всего сердца исполнить завет.

Различные степени страстной любви

Существуют различные градации любви, которая в целом может быть духовной или плотской. Духовная любовь неизменна, потому что исходит от Бога, тогда как плотская любовь, будучи эгоистичной, приходит и уходит.

Независимо от силы любви в миру, она никогда не достигнет высот духовной любви, то есть любви Господней, которую обрести можно лишь в истине. Но обрести духовную любовь нельзя, лишь познав истину. Обрести ее можно, лишь уподобившись сердцу Господнему.

Обладаешь ли ты духовной любовью? Узнать это легко. Достаточно сравнить себя с описанием духовной любви в 1-м посл. Коринфянам 13:4-7:

«Любовь долготерпит, милосердствует, любовь не завидует, любовь не превозносится, не гордится, не бесчинствует, не ищет своего, не раздражается, не мыслит зла, не радуется неправде, а сорадуется истине; все покрывает, всему верит, всего надеется, все переносит».

Например, если ты терпелив, но своекорыстен, если не раздражителен, но груб, то, значит, нет у тебя любви, о которой пишет Павел; не следует упускать из внимания ни единой детали, если желаешь обрести духовную любовь.

С другой стороны, если чувствуешь себя одиноким и оставленным, полагая в то же самое время, что обрел духовную любовь, то это потому, что ты, сам того не осознавая, желаешь получить что-то взамен. Значит, сердце твое еще не наполнилось истиной духовной любовью с избытком.

Вместе с тем, если преисполнишься духовной любви, то никогда не будет у тебя ощущения одиночества или пустоты. Всегда будешь счастлив, доволен и благодарен. Духовная любовь познается в щедрости: чем больше отдаешь другим, тем радостнее и счастливее становишься.

Духовная любовь познается в самопожертвовании

В Посл. к Римлянам 5:8 сказано: *«Но Бог Свою любовь к нам доказывает тем, что Христос умер за нас, когда мы были еще грешниками».*

Бог возлюбил Иисуса, Сына своего единородного, именно потому, что Иисус есть истина, воплощающая самого Бога. И все же Он принес своего единородного Сына в жертву. Сколь велика сея драгоценная Божья любовь к нам, людям!

Бог явил нам свою любовь через жертвенную смерть Его единородного Сына. Потому-то и сказано в 1-м посл. Иоанна 4:16: *«И мы познали любовь, которую имеет к нам Бог, и уверовали в нее. Бог есть любовь, и пребывающий в любви пребывает в Боге, и Бог в нем».*

Для того чтобы войти в Новый Иерусалим, мы должны обладать Божьей любовью, благодаря которой человек получает способность к самопожертвованию, которая радуется в благодеянии, свидетельствующем о богоугодной жизни.

Страстная любовь апостола Павла

Апостол Павел служит хорошим библейским примером человека, который сочетал духовное рвение с угодной Богу любовью. В Посл. к Римлянам 9:3 Павел говорит: «Я желал бы сам быть отлученным от Христа за братьев моих, родных мне по плоти». Здесь «братья» суть народ Израилев, избранный народ Божий.

Павел обладал столь сильной духовной любовью, что готов был сам оказаться в аду, лишь бы народ Божий спасся. Всякое отсутствие своекорыстия, вплоть до готовности пожертвовать своей жизнью, свидетельствует о духовной любви. Духовная любовь неизменна, она лишь усиливается со временем. Она неизменна, потому что лишена своекорыстия, но желает добра другому.

Поэтому нам следует отречься от плотской любви и стяжать любовь духовную, любовь Бога, пожертвовавшего Сыном своим единородным, любовь Господа, послушно отдавшего свою жизнь. Молюсь о вас, братья и сестры, чтобы вы преумножили Божью любовь, символизируемую сердоликом, и привели ко спасению бесчисленное множество душ, подобно апостолу Павлу, и вошли в Новый Иерусалим.

Хризолит: милость

Хризолит, седьмое основание Нового Иерусалима, является прозрачным или полупрозрачным ювелирным камнем от жёлто-зелёного цвета до цвета темного шартреза, с характерным золотистым оттенком.

Что символизирует хризолит в духовном плане? Он обозначает милосердие в истине, прощающее даже тех, кого понять или простить нельзя. Таково сердце Иисуса Христа, свободное от ненависти к кому-либо, понимающее, долготерпящее и милосердное ко всем. Милосердие заключается в ненависти к греху, а не к грешнику; проявляется оно в понимании и благости.

Сердце, всепрощающее в истине

Хотя Иисус знал, что Иуда Искариот предаст Его, Он не испытывал ненависть к Иуде, но любил его до самого конца. Более того, хотя Иисус был безвинно распят на кресте, Он не имел ни на кого зла и молился о своих палачах.

Что же можно сказать о Стефане? В то время, когда злодеи забивали его камнями, он молился Богу, прося об их прощении. В наши дни большинство людей скоры на расправу. Толпа с ненавистью и отвращением тычет пальцами в любого, кто совершил проступок или ошибку. Но человек с сердцем милосердным всегда пожалеет отверженного и приободрит его.

У Давида было милосердное сердце, потому он сжалился над царем Саулом, хотя знал, что тот оставлен Богом. Когда царь Саул умер, Давид разорвал на себе одежды, скорбел и постился. Этот прекрасный поступок объясняется милосердием Господа, распространяющимся даже на врагов.

Мы должны сокрушить свою мнимую праведность

Почему люди жестоки? По причине своекорыстия и ложной уверенности в собственной праведности, которая ведет к безнаказанности.

Допустим, у вас есть магазин. Каково должно быть ваше сердце, если рядом открылся магазин удачливого конкурента? Вы начинаете жаловаться: «Как ему удается столько продавать? Отправился бы он куда-нибудь подальше со своей лавкой». Если так говорите, то нет в вас сердца милостивого.

Что же сделает человек с милосердным сердцем?

Следует отречься от своекорыстия, указывающего вам, что ваша лавка обязательно *должна* приносить больший доход, чем лавка конкурента. Следует также отказаться от привычного мышления и научиться полезному у конкурента, чтобы и его, и ваш магазин стали лучше. Если любишь ближнего, обладаешь милосердием, способен радоваться вместе с другими, желаешь им процветания, то, вне всякого сомнения, получишь обильные благословения, потому что Бог изольет на тебя свою любовь и милость.

Как пастор я радуюсь, когда какая-нибудь церковь растет, даже если это происходит быстрее, чем в моей общине. Я искренне молюсь за такую церковь, прошу Бога: «Пусть церкви Божьи преумножаются, и да будут служители еще более угодны Тебе». Когда другие церкви приводят души ко спасению, для расширения царства Божьего и праведности, Бог радуется на Небесах. Потому и я радуюсь, как если бы тем самым я сам воздавал славу Богу.

Подобно этому, только когда мы полностью отречемся от своекорыстия и мнимой праведности и поймем другого человека, обретем милосердное сердце.

Плотская жалость и духовная милость

Однако полная самоотдача не всегда свидетельствует о «милосердии». Иногда тем самым мы отнимаем у ближнего возможность самостоятельно встать на ноги, или же вводим его в искушение поступками, которые не согласуются с волей Божьей для этого человека.

Если родители слишком ревностно оберегают свое дитя, то из него может вырасти опасный для общества элемент. Если родители во всем идут на поводу у детей, какое будущее их ждет? Такие дети вырастают несамостоятельными и во всем полагаются только на родителей, или же становятся бунтарями, потому что в детстве им всегда позволяли поступать по-своему.

Более того, помогая деньгами лентяю, обнищавшему пьянице или игроку, вы отнюдь не проявляете милосердие, а поступаете неправильно пред очами Божьими. Ничего путного из такой помощи не выйдет: человек станет еще больше надеяться на других, и впредь продолжая влачить жалкое существование.

Но мы обязаны помогать всем тем, кто оказался в нищете из-за катаклизмов, кто не может выбраться из капкана бедности, несмотря на все свои усилия.

Как мы в таком случае должны вести себя по отношению к человеку, проходящему испытания по причине непослушания Слову Божьему?

Пророк Иона ослушался Божьей воли и не стал проповедовать народу Ниневии. Он бежал в Тарс, и по пути его настиг жестокий шторм. Моряки узнали, что это кара за непослушание Ионы, и должны были выбросить его в открытое море. Однако они пожалели пророка, что принесло им еще большие испытания. Они потеряли весь груз, потому что попытались помочь Ионе, ослушавшемуся Бога (Иона 1).

Помощь Ионе не была актом милосердия, оказавшись неповиновением Божьей воле. Однако помощь, согласующаяся с Божьим провидением, является милосердной и за нее положена награда Божья. Например, последовавшие за Давидом во времена испытаний стали верными слугами царя и были прославлены пред очами Божьими. Поэтому перед тем, как проявлять милосердие, мы должны понять, согласуется ли это с планом Божьим.

Всепрощающее милостивое сердце

В чем же различие между любовью и милосердием?

Духовная любовь -- это бескорыстная готовность пожертвовать собой, а милосердие заключается в прощении и терпимости. Иными словами, милосердным является сердце, которое понимает ближнего и не испытывает к нему ненависти, даже если понять и возлюбить его невозможно. Милосердие не обличает, а поддерживает другого человека. Если у вас такое сердце, вы не станете указывать на проступки и ошибки другого, но примете этого человека таким, каков он есть.

Как следует нам вести себя по отношению к злодеям? Мы должны всегда помнить, что сами были прежде людьми недостойными и пришли к Богу благодаря любви и всепрощению ближних.

Так же, когда мы сообщаемся с лжецами, то нередко забываем, что сами, до встречи с Богом, прибегали ко лжи ради собственной выгоды. Вместо того чтобы избегать таких людей, нам надлежит являть им образец милосердия, дабы сами они отреклись от злодеяний. Лишь поняв и наставив на путь истинный в любви и терпимости, сможем привести их к истине. Милосердие заключается в ровном и непредвзятом отношении ко всем людям, в отказе от оскорблений в чей-либо адрес, независимо от того, нравится это нам или нет.

Поэтому я призываю вас приносить плод милосердия, которое символизирует хризолит, седьмое основание Нового Иерусалима.

Вирилл: долготерпение

Вирилл, или берилл, является восьмым основанием Нового Иерусалима. Окраска берилла бывает зеленовато-белой, селадоново-зелёной, яблочно- или изумрудно-зелёной, напоминающей цвет моря. Что символизирует берилл в духовном смысле? Он символизирует долготерпение во всём, для расширения царства Божьего и Его праведности. Берилл обозначает стойкость в любви, даже пред лицом гонений и хулы, отказ от ненависти, от противления злу насилием.

В своем Послании Иаков 5:10 призывает нас: *«В пример злострадания и долготерпения возьмите, братия мои, пророков, которые говорили именем Господним»*. Мы можем изменить других людей, если будем терпеливы по отношению к ним.

Долготерпение как плод Духа Святого и любви

Долготерпение упомянуто в качестве одного из девяти плодов Духа Святого в Посл. к Галатам 5 и в качестве плода любви - в 1-м посл. к Коринфянам 13. Существует ли различие между долготерпением как плодом Духа Святого и как плодом любви?

С одной стороны, терпение в любви обозначает личное усилие, требуемое верующему, чтобы совладать с оскорблениями в свой адрес и многими другими тяготами мира сего. С другой стороны, долготерпение как плод Духа Святого относится к долготерпению в истине и пред Богом во *всем*.

Поэтому долготерпение как плод Духа Святого обладает более широким значением, чем терпение в личных невзгодах ради царства Божьего и праведности.

Различные виды долготерпения в истине

Долготерпение можно подразделить на три категории, первой из которых является долготерпение в отношениях между Богом и человеком. Подобно землепашцу, усердно возделывающему пшеницу и терпеливо дожидающемуся жатвы, мы должны постепенно изгонять из себя всякую плотскую природу и обретать духовные черты.

То же относится и к ожиданию ответов на молитвы. Если просим что-то у Бога, то должны терпеливо ожидать Его ответа. Одни ответы приходят быстро и неожиданно, подобно дождям весенним, другие – медленно, подобно дождям поздней осенью. Верующим следует стойко дожидаться ответа и постоянно испрашивать об этом Бога.

Во-вторых, существует долготерпение в отношениях между людьми. Оно подразумевает способность терпеливо вникать в нужды ближнего, принимать его проступки, огрехи и ошибки, прощать и созидать добрососедские отношения. Например, если ваша проповедь встречает в ответ хулу и гонения, многие из вас сдадутся и откажутся от каких-либо отношений с гонителями. Но если вы явите им свое терпение, продолжите проповедь с молитвой и любовью, Бог соделает все ко благу. Говоря кратко, способность верующего стойко принимать гонения есть долготерпение к людям.

В-третьих, существует долготерпение в совершенствовании собственного сердца. Нередко можно видеть, что чем больше зла в сердце человека, тем сложнее ему быть терпеливым. Чтобы соделаться мужем Божьим, должно изменить свое сердце в духе и долготерпении.

Но люди по-разному проявляют долготерпение. Одни сжимают зубы и трепещут пред лицом испытаний, другие пытаются побороть свой гнев, третьи – ищут тщетного утешения в алкоголе, не в состоянии забыть оскорбление. Некоторые дают себе обет молчания, иные – странствуют в поиске ответов. Однако всех их объединяет то, что они не искоренили зло из своих сердец.

Да и сами мы нередко упорствуем во зле, понимая, что обладаем неизжитыми плотскими недостатками, а потому следует постоянно испытывать себя и совершенствовать свое сердце. Если бы мы полностью очистились ото всякого зла, то такое качество, как «долготерпение», было бы излишним. Будь в нас лишь любовь, всепрощение и понимание, то вовсе не нашлось бы места для долготерпения.

Потому Бог и призывает нас к долготерпению, желая, чтобы мы искоренили зло из своих сердец. Долготерпение в истине и заключается в противостоянии своей греховной природе, проявляющейся в ненависти и гневе, которые должно заменить благостью и истиной.

Чтобы в полной мере принести плод долготерпения

Итак, каково же значение долготерпения, символизируемого бериллом? Это такое долготерпение, для определения которого не требуется слово «терпение». Фактически, Бог, воплощающий благость и любовь, не нуждается в терпении. Однако Господь говорит нам, что Он «долготерпелив», с единственной целью: чтобы помочь нам понять смысл терпения. Нам следует понять, что чем больше требуется от нас долготерпения, тем больше в наших сердцах зла пред очами Божьими.

Если бы нам более не требовалось проявлять долготерпение и мы в полной мере принесли бы этот плод, то всегда были бы счастливыми, слышали бы только хорошее в свой адрес, а на душе у нас стало бы так легко, словно мы уже на Небесах.

Поэтому, подобно землепашцу, награжденному за терпение обильной жатвой, мы должны в полной мере обрести плод долготерпения и войти в Новый Иерусалим.

Топаз: благость

Топаз, девятое основание Нового Иерусалима, является прозрачным драгоценным камнем от винно-желтого до оранжевого и красновато-оранжевого цвета. Каков духовный смысл топаза? Он символизирует благость. Благостным является правдивое сердце, искоренившее в себе всякое зло и грехи, ищущее прекрасную истину в Духе Святом. Таково сердце Христово, не склочное и не крикливое, чей глас никогда не раздастся на паперти.

Поэтому благость, символизируемая топазом, есть благоухание сердца мягкого и чистого.

Благоухание сердца чистого

Согласно толковому словарю «чистый» значит «незамаранный, незагрязненный, непачканный, без примеси, подмеси, ровный и сам по себе». Когда о человеке говорят, что он «чистый», то имеют в виду, что этот человек «непорочный, прямой, добросовестный и нелицемерный». Для Бога непорочный человек – это человек кроткий и благой.

Примерами людей с непорочными сердцами в Библии служат Авраам, Иов и Нееман. Даже в этом мире людей, совершающих праведные поступки, называют «чистыми». Однако нелегко нынче найти таких, ибо мир преисполнился греха, люди погрязли во взаимном обмане и предательстве. Мало осталось чистоты в мире сем.

Но и даже в таком мире чистые сердца не источают

злодеяние, блюдут свою чистоту. Если некто пальцем укажет на ближнего и во гневе будет клеветать на него, то может ли быть назван «чистым»?

Апостол в Послании к Филиппийцам 2:14-15 призывает нас: *«Всё делайте без ропота и сомнения, чтобы вам быть неукоризненными и чистыми, чадами Божиими непорочными среди строптивого и развращенного рода, в котором вы сияете, как светила в мире».* Чистые не будут роптать или участвовать в склоке, даже если весь мир ополчится против них, и не станут отвечать злом на зло. Все принимают они во благости и во всем блюдут себя.

Совесть и духовная благость

Люди руководствуются нормами поведения, усвоенными ими с раннего детства. В миру это внутреннее веление называется «совестью». Так же и духовные опираются на веления, исходящие от Духа Святого, называемые нами «духовной благостью». Мы должны уметь различать мирскую совесть и духовную благость. Иной раз верующий вопрошает себя: «Я живу во благости, так почему же Бог меня не благословляет?». В таком случае следует испытать себя: живешь ли по мирской совести, по людскому мерилу, или же по Божьему велению.

Меня однажды назвали «человеком, который может обходиться без закона». Когда я принял Иисуса Христа и оглянулся на свою жизнь, я пристыдил себя. Моя совесть и житейский опыт ни в коей мере не были истинной благостью. Поразмыслив о правде, я понял, что в основном все мои прежние мысли, поступки и слова были продиктованы плотской природой, и даже совесть, на которую я столь полагался раньше, отнюдь не была благой.

У разных людей разная совесть, разные мерила добра и зла, и они не могут быть истинными. Духовная же благость у всех одна, только в ней и есть *правда*.

Благость Иисуса

В Матфее 12:19-20 сказано, сколь благостным было сердце Иисуса:

> *«Не воспрекословит, не возопиет, и никто не услышит на улицах голоса Его; трости надломленной не переломит, и льна курящегося не угасит, доколе не доставит суду победы».*

Фраза *«Доколе не доставит суду победы»* подчеркивает, что Иисус действовал исключительно с благим сердцем. Оно оставалось таковым и во время крестных мук, и в час воскресения, милостью Божьей даруя нам победу над грехом и благодать спасения.

Иисус обладал духовной благостью, потому он никогда не оскорблял и не гневался на людей. Все принимал Он с мудростью духовной благости и со словами истины даже в самых страшных и безвыходных ситуациях. Более того, Иисус не пытался противодействовать своим мучителям, не настаивал на своей невиновности. Он во всем доверился Богу, исполнив Его волю силою мудрости и правды духовной благости.

Обретите истинную благость

В Посл. Иакова 1:19-20 сказано: *«Итак, братия мои возлюбленные, всякий человек да будет скор на слышание, медлен на слова, медлен на гнев; ибо гнев человека не творит правды Божией».* Мы осознаем, сколь важно обладать благостью ради достижения Божьей праведности. Благость обозначает сердце праведное, гнев – ее противоположность; поэтому гневаться и злорадствовать неправедно и греховно.

Иисус делал людям только добро, потому что сам Он и есть воплощенная благость. Однако недоброжелатели и завистники клеветали на Него и творили против Него всяческое зло. Иисус же не противился им и не стремился к ссоре, но пытался открыть им глаза на их ошибки, увещевал их добрыми словами, а иногда – попросту уходил от них. Всегда поступал Он с миром.

Ныне нередко видим мы, как люди поднимают друг на друга голос, пытаются уязвить ближнего, если что-то в его поведении отличается от их собственных представлений, планов и желаний. Родители жалят детей в самое сердце, соседи не вылезают из склок.

С тех пор как я стал старшим пастором, многие служители неоднократно совершали непростительные ошибки, но ни разу не потерял я терпения и без устали молился за них. Потому сегодня в нашей церкви так много компетентных служителей и соработников Божьих, приближающих царство Его с неугасающим рвением.

Добрый самаритянин

Притча о добром самаритянине, изложенная в Луке 10:25-37, позволяет с легкостью отличить человека с благим сердцем:

«На это сказал Иисус: некоторый человек шел из Иерусалима в Иерихон и попался разбойникам, которые сняли с него одежду, изранили его и ушли, оставив его едва живым. По случаю один священник шел тою дорогою и, увидев его, прошел мимо. Также и левит, быв на том месте, подошел, посмотрел и прошел мимо. Самарянин же некто, проезжая, нашел на него и, увидев его, сжалился и, подойдя, перевязал ему раны, возливая масло и вино; и, посадив его на своего осла, привез его в гостиницу и позаботился о нем; а на другой день, отъезжая, вынул два динария, дал содержателю гостиницы и сказал ему: позаботься о нем; и если издержишь что более, я, когда возвращусь, отдам тебе. Кто из этих троих, думаешь ты, был ближний попавшемуся разбойникам?» (Лука 10:30-36).

Среди священника, левита и самаритянина кто обладает истинной любовью к ближнему? Именно самаритянин оказался товарищем человеку, пострадавшему от разбойников, потому что у него было благое сердце, хотя он и считался язычником. Подобно этому, даже когда вам кажется, что вы не в силах помочь слабому или больному, следует непременно «остановиться», исполниться любви и сделать все возможное, чтобы облегчить участь несчастного.

Почему нет в нас благости?

Почему же мы не в состоянии достигнуть благости в своих сердцах, хотя и ведаем истину? Обратимся к Марку 14:37-38:

> *«Возвращается и находит их спящими, и говорит Петру: Симон! ты спишь? не мог ты бодрствовать один час? Бодрствуйте и молитесь, чтобы не впасть в искушение: дух бодр, плоть же немощна».*

Мы должны бодрствовать и постоянно молиться, так как молитва есть дыхание духа верующего, хотя иногда мы не в состоянии молиться из-за слабости плоти. «Слабость плоти» значит не физическую слабость тела, а отсутствие благости ввиду плотских мыслей.

Поэтому и не можем мы достичь благости в сердцах, что плоть слаба, несмотря на стремление духа к совершенству, в чем и заключается наша греховная природа.

Что же должен делать верующий, чтобы обрести благость в своем сердце и пойти в Новый Иерусалим? Бог сам указал нам путь в Посл. к Филиппийцам 4:8-9:

> *«Наконец, братия мои, что только истинно, что честно, что справедливо, что чисто,*

что любезно, что достославно, что только добродетель и похвала, о том помышляйте. Чему вы научились, что приняли и слышали и видели во мне, то исполняйте, -- и Бог мира будет с вами».

Если применять на практике заветы, которые мы узнали, получили и услышали от Господа или видели в Господе, ничего не будет невозможным, потому что «Бог мира» будет с нами. Тогда мы сможем прославить Бога благими делами, подобно Иисусу.

Верующим надлежит исполниться благости в своих сердцах с помощью молитвы, духа благого, уподобившись Христу, который не возопиет и не воспрекословит. Кроме того, мы должны стремиться к совершенству, став требовательным к своему облику, словам и делам, истребляя в себе греховную плоть силою Духа Святого.

Хризопраз: воздержание

Хризопраз, десятое основание Нового Иерусалима, является наиболее ценной разновидностью халцедона. Это полупрозрачный камень темно-зеленого цвета, который раньше особенно ценился женщинами в Корее. Для них он символизировал женское целомудрие и чистоту.

Что обозначает хризопраз в духовном плане? Он символизирует воздержание. Хорошо иметь избыток во всем в Боге, но, для того чтобы соделаться совершенным, необходима дисциплина. Самоограничение, или воздержание, также является одним из плодов Духа Святого.

Воздержание ради достижения совершенства

В Послании к Титу 1:7-9 сказано, что воздержание является неотъемлемым качеством епископа. Если человек невоздержанный и недисциплинированный сделается епископом, каких бед сможет он натворить?

Чтобы мы ни делали в Господе и для Него, мы должны четко разделять правду и неправду, следовать воле Духа Святого и дисциплинировать себя. Если ты невоздержан, то жди беды, злоключений и даже катастроф.

Поэтому плод воздержания так важен и должен быть принесен в совершенстве. Если принесешь плод любви, то принесешь и плоды радости, мира, долготерпения, доброты, благости, верности и кротости, увенчанные плодом воздержания.

Дисциплину можно сравнить со сфинктером. Он хоть и мал, но очень важен. Что если он потеряет силу? Тогда ничего не будет сдерживать нечистоты, и о чистоте можно будет забыть навсегда.

Также если не будешь воздержан, то никогда не отмоешься. Люди живут во грехе, потому что не могут контролировать себя в духовном смысле. Подвергают себя испытаниям и не могут быть возлюблены Богом. Если перестанешь себя контролировать, то погрязнешь в скверне и беззаконии, сопьешься, ожиреешь, станешь распутником.

Поэтому верующему следует четко уяснить духовный смысл хризопраза, десятого основания Нового Иерусалима, и обрести совершенство, позволяющее войти в Новый Иерусалим, во всем и всегда контролируя себя.

Гиацинт: чистота и святость

Гиацинт, одиннадцатое основание Нового Иерусалима, -- это прозрачный самоцвет голубого оттенка, духовно символизирующий чистоту и святость. Как сказал нам Иисус в Матфея 5:8, «блаженны чистые сердцем, ибо они Бога узрят». Те, чьи сердца чисты, увидят Бога.

«Чистота» здесь обозначает состояние безгрешности, незапятнанности. «Узреть Бога» - значит постоянно ощущать Его присутствие в своей каждодневной жизни. Кем же является верующий, чистый сердцем, и каким образом достичь такого состояния?

Чистое сердце пред очами Божьими

Чистые сердцем потому да узрят Бога, что ведают истину, могут вступать в общение с Ним, понимают волю Его и поступают согласно этой воле.

Поэтому, для того чтобы очистить свое сердце, верующий должен знать духовный смысл Божьего Писания, Библии и руководствоваться им в своих поступках. Необходимо следовать Библии не в чем-то отдельном, а полагаться на нее во всем, облачившись во всеоружие Божие (Ефесянам 6:13-17). Иными словами, лишь когда Слово Божье полностью одухотворит нашу жизнь, сможем мы претендовать на сердечную чистоту.

Неужели найдется среди нас такой, который скажет, что достиг чистоты лишь благодаря омовениям и дорогому убранству? Конечно же нет! Бог оценивает нас не по внешнему виду, а по внутренним качествам, по непорочности, кротости, верности и прямоте сердец. Лишь, человек, обладающий такими характеристиками, имеет святость, ибо сердце его свято.

Очистившийся да будет благопотребным Богу

Во 2-м посл. к Тимофею 2:20-21 Бог напоминает нам, что чистые сердцем потребны для Его благородных целей:

> *«А в большом доме есть сосуды не только золотые и серебряные, но и деревянные и глиняные; и одни в почетном, а другие в низком употреблении. Итак, кто будет чист от сего, тот будет сосудом в чести, освященным и благопотребным Владыке, годным на всякое доброе дело».*

Богу угодны чистые сердцем, Он укрепляет и благословляет чистосердечных, соделывая их орудиями для своего благородного промысла.

Посему призываю вас очистить свои сердца, что обозначает гиацинт, одиннадцатое основание Нового Иерусалима, и насладиться благословениями, уготованными для вас Богом.

Аметист: красота и кротость

Аметист, двенадцатое и последнее основание Нового Иерусалима, является разновидностью кварца окрасом от полупрозрачного фиолетового до темно-сиреневого. Этот камень пользуется любовью человека уже не первую тысячу лет.

В духовном плане аметист символизирует красоту и кротость. «Кротость» обозначает мягкость, вежливость, способность принять любого человека. Кроткие не создают неудобств кому-либо. Например, муж, кроткий сердцем, терпимо относится ко всем членам семьи, и потому пользуется уважением и любовью своей супруги. Так же и жена, обладающая кротостью, сочетает в себе качества и матери, и сестры и друга мужу своему, отчего отношения между ними безоблачные и счастливые.

Кроткий сердцем не оскорбит другого, но подобен тихой гавани для ближнего своего. Кротость подразумевает мягкое и доброе отношение к людям, и потому приятна Богу.

Плотская и духовная кротость

Духовная кротость характеризуется мягкостью и нежностью; помноженная на добродетель, она согревает и утешает ближнего. Истинно кроткий не станет осуждать другого и злорадствовать, но попытается понять его, простить и принять. Такой человек не будет чинить препятствий ближнему, не только все стерпит, но и жизнь свою с готовностью отдаст за другого. Кроткий не извратит слов ближнего своего, не вступит с ним в пустой спор, воздержится от жалоб. Сердце такого человека поистине красиво.

Однако сколь кротким бы ни был человек, если нет у него рвения и верности заветам Божьим, то кротость его - мирская. О духовной же кротости свидетельствует страстная любовь к Богу, верность Ему всем сердцем.

В Числах в гл. 12-й рассказано о том, что Бог полюбил Моисея именно за то, что пророк был кротчайшим человеком на земле. Потому-то и общался Бог с ним напрямую, а не через сны и видения.

Следовательно, именно духовная кротость является богоугодным плодом. Поэтому враг дьявол так боится кротких сердцем и обходит их стороной.

Пример из истории Китая

Гуань Чжун и Бао Шуя были политическими деятелями Китая в период «Чуньцю». Гуань жил в бедности, а Бао – в достатке. Они вместе занимались торговлей и постепенно стали друзьями, которые понимали друг друга с полуслова и доверяли друг другу.

Гуань трижды был на государственной службе, и трижды его снимали с поста. Однако Бао считал, что Гуань все равно талантливый человек, просто его не смогли оценить по достоинству. Позже, во время службы в армии, Гуань дезертировал. Но Бао не посмеялся над своим другом, понимая, что Гуань так сделал ради своей старой матери.

Несколько лет спустя, Гуань и Бао начали заниматься политической деятельностью. Надо сказать, что в то время императорский двор царства Ци пребывал в хаосе. Князья и аристократы бежали в другие царства, чтобы ждать благоприятного случая раздела пирога власти. Гуань стал помощником вана по имени Цзю, который жил в царстве Лу. А Бао служил другому вану Ци, по имени Сяо Бай. Наступило время, когда правитель Ци был убит во время разгоревшегося мятежа. Узнав об этом, ван Цзю и Сяо Бай тотчас же отправились в царство Ци, чтобы занять престол. И вот оба они со своими помощниками встретились на пути в Ци. Гуань хотел, чтобы Цзю стал правителем, поэтому он выстрелил в Сяо Бая из лука. Но стрела попала в ремень Сяо Бая. После этого Сяо Бай вступил на престол в царстве Ци.

После того как Сяо Бай убил Цзю и заключил Гуаня в темницу, он решил назначить Бао первым министром царства Ци. Но Бао считал себя не способным справиться с этой работой и порекомендовал правителю своего друга Гуаня. Правитель Ци не согласился с Бао, сказав: «Гуань Чжун стрелял в меня из лука, от чего я чуть не умер. Как же я могу назначить его первым министром?». А Бао ответил: «Говорят, что мудрый правитель должен быть незлопамятным. Тем более что Гуань тогда служил Цзю. Если человек предан своему господину, он непременно будет предан и Вашему Величеству. Без помощи Гуаня Вы, Ваше Величество, не сможете установить господство над Поднебесной».

После того как Гуань вернулся в царство Ци, он был назначен первым министром. А Бао работал его помощником. Благодаря их совместным усилиям, царство Ци стало самым могущественным среди других удельных царств в период «Чуньцю». История о дружбе между Гуань Чжуном и Бао Шуя передавалась в Китае из уст в уста. До сих пор в Китае называют взаимопонимание и добрые отношения между друзьями «дружбой по примеру Гуань Бао».

Кроткие сердцем ставят ближнего выше себя

Обладая кротким сердцем, Бао Шуя во всем оказывал помощь и поддержку Гуань Чжуну, который был наделен большей мудростью и способностями. Их дружба стала одним из крепких оснований царства Ци. Понимая, что Гуань Чжун получит более высокий пост, чем он сам, Бао Шуя продолжал поддерживать своего друга в интересах страны.

Какое сердце у вас? Кроткое сердце Бао Шуя – это сердце Иисуса. Обладая кротостью, мы можем избежать ссор и распрей просто потому, что у нас не будет желания оскорблять ближнего. Поэтому в Посл. к Филиппийцам 2:3 сказано: *Ничего не делайте по любопрению или по тщеславию, но по смиренномудрию почитайте один другого высшим себя».* Если сердце ваше кротко, если ставите других выше себя, то вражде, оскорблениям и недопониманию не будет места в вашей жизни. И станете вы верными слугами своим ближним, соделающими все к их благу и процветанию.

Тот, у кого есть такое благодатное сердце, сделается счастливым. Через такого верующего и другие люди обретут счастье, а сам он стяжает великую любовь Божью.

Поэтому я призываю вас кротостью сердца уподобиться нашему Господу, и да возлюбит вас Бог, даруя вам мир и покой (Матфея 11:28-30).

Кроткие наследуют землю

В Матфея 5:5 Иисус поведал нам о благословении, уготованном кротким, наследующим землю небесную:

> *«Блаженны кроткие, ибо они наследуют землю».*

Каков смысл этого обета? С одной стороны, обладающие духовной кротостью верующие уподобляются сердцу Господа, ибо их сердца не огрубели. С другой стороны, не достигшие кротости должны неустанно искоренять зло из своих сердец, а потому, иной раз, приходится им топтаться на месте и даже вновь проделывать одну и ту же работу над собой в результате испытаний.

Вместе с тем, кроткие быстро совершенствуют себя, так как лишены внутреннего противления добру. Более того, кроткие с легкостью завоевывают сердца других людей, обладают духовным авторитетом. Бог превозносит и наделяет духовной властью кротких сердцем. Естественно, такие верующие унаследуют великий надел земли на Небесах. Однако это отнюдь не значит, что всякий кроткий сердцем непременно войдет в Новый Иерусалим.

Новорожденный младенец может казаться кротким, так как его греховная природа еще не проявилась. Взрослея, человек, в силу различных ситуаций и обстоятельств, в полной мере демонстрирует свою греховную сущность.

Схожим образом, даже с виду благожелательный человек, испытывая оскорбление, может оказаться весьма далеким от кротости. Поэтому необходимо искоренять в себе всякое зло, развивать духовную кротость и уподобиться Господу, чье сердце мягкое и кроткое.

Чтобы достигнуть этого, верующий должен сконцентрироваться на ежедневном изучении Слова Божьего, чураться суеты, стремиться ко благости во всех своих поступках, даже смехе и походке. Не следует ни при каких условиях оскорблять ближнего, так же, как не стоит и таить обиду, независимо от тех тягот и испытаний, которые нам уготованы.

Я надеюсь, что Бог возлюбит вас так же, как Моисея, обладавшего самым кротким сердцем среди людей, и потому ведомого и благословенного Всевышним.

Мы рассмотрели духовное значение двенадцати самоцветов, составляющих двенадцать оснований стен Нового Иерусалима. Их сочетание символизирует сердце Иисуса Христа, сердце Божье – вершину любви. Господь исполнил Закон с любовью, потому цвета любви столь разнообразны. Именно различные оттенки Любви выражают двенадцать драгоценных камней.

Двенадцать столпов сердца любви можно определить как сочетание заповедей блаженства (Матфея 5), духовной любви (1-е Коринфянам 13) и девяти плодов Духа Святого (Галатам 5).

Когда вы в полной мере обретете сердце двенадцати самоцветов, то обретете сердце Иисуса Христа и войдете в Новый Иерусалим. Более того, обитель ваша в Новом Иерусалиме будет сиять ярко и величественно, переливаясь блеском двенадцати самоцветов. Град Небесный Иерусалим так прекрасен, велик и блистателен благодаря живущим в нем праведникам, чьи сердца являют собой образец любви.

Я молюсь именем Господа Иисуса Христа, чтобы вы обрели сердце Иисуса Христа, жизнь вечную в Новом Иерусалиме, построенном Богом Творцом в величии и красоте на двенадцати драгоценных основаниях.

Глава 6

Двенадцать Жемчужных врат и Золотая дорога

А двенадцать ворот -- двенадцать жемчужин:
каждые ворота были из одной жемчужины.
Улица города -- чистое золото,
как прозрачное стекло.

- Откровение 21:21

Град Новый Иерусалим имеет двенадцать врат, выходящих на север, юг, восток и запад. Колоссальный ангел охраняет каждое из врат, а сами они демонстрируют величие и власть, сосредоточенные в Новом Иерусалиме. Каждое из ворот имеет форму арки, столь огромной, что разглядеть ее можно лишь с большого расстояния. Ворота сделаны из поистине гигантских жемчужин. Рукояти врат сделаны из золота и драгоценных камней, однако открываются они автоматически, без чьей-либо помощи.

Ради своих возлюбленных чад, Бог сделал врата из прекрасных жемчужин, а улицы вымостил чистым золотом. Насколько же прекрасней убранство самого города?

Перед тем как мы рассмотрим дома и достопримечательности Нового Иерусалима, давайте поразмыслим, почему ворота города сделаны Богом из жемчужин и какие в нем есть улицы.

Двенадцать Жемчужных врат

В Откровении 21:21 сказано: *«А двенадцать ворот -- двенадцать жемчужин: каждые ворота были из одной жемчужины. Улица города -- чистое золото, как прозрачное стекло».* Почему врата сделаны из жемчужин, а не других драгоценных материалов, в избытке имеющихся в Новом Иерусалиме? Ведь можно было бы украсить врата самоцветами. Почему Бог избрал именно жемчуг?

Потому что Божье провидение и духовный смысл имеются и в этой детали. В отличие от других драгоценностей, жемчуг появляется на свет в результате длительного и весьма болезненного естественного процесса.

Подобно жемчужной раковине

Как появляются жемчужины? Наряду с кораллом, жемчуг является одним из двух органических ювелирных материалов, добываемых в мировом океане. Человек издревле ценит не требующий полировки жемчуг за неповторимый натуральный блеск.

Жемчужина образуется внутри раковины моллюска, например, устрицы, в результате попадания туда постороннего предмета (песчинки и др.). Далее вокруг предмета-«затравки» происходит отложение перламутровых слоёв. В отличие от минеральных сферолитов, в строении жемчуга участвует не только минеральное, но и органическое вещество. Этот процесс сопровождается колоссальной физической болью для живого организма устрицы, постепенно наращивающей один перламутровый слой за другим.

В настоящее время ведётся не только поиск природного жемчуга, но и выращивание его в промышленных масштабах. Внутрь устрицы помещаются бусинки из прессованных раковин, после чего устрицы возвращаются в воду. Через определённое время бусины, покрытые слоями перламутра, извлекаются из устриц. Такой жемчуг дешевле природного, так как содержит меньше перламутровых слоёв.

Подобно моллюску, творящему прекрасный жемчуг вопреки величайшим страданиям, Божьи чада в муках обретают потерянный образ Божий. Они могут явить веру, подобную чистому золоту, и войти в Новый Иерусалим, лишь преодолев трудности и страдания на этой земле.

Преодолевая испытания веры

У нас должна быть вера, подобная чистому золоту, чтобы могли мы войти во врата Нового Иерусалима. Такая вера не берется из ничего: лишь преодолев испытания, верующий получает ее в награду, подобно тому, как раковина – жемчужину. Сохранить веру не легко, потому что враг сатана не дремлет. Более того, пока не обретешь стойкости в вере, путь на Небеса будет тебе в муку из-за нападок дьявола, пока не искоренишь остатки зла в своем сердце.

Однако мы может победить в этой битве, потому что сам Бог дарует нам милость и укрепляет, а Дух Святой помогает и указывает путь. Если встанем на скале веры, последовав этому пути, то сможем превозмочь всякие тяготы и восторжествуем над страданием.

Буддийские монахи истязают свои тела и «порабощают» их с помощью медитации и самоустранения от мирской суеты. Некоторые из них десятилетиями ведут аскетический образ жизни, а когда их постигает кончина, считается, что в их мощах присутствуют особые, похожие на жемчуг, предметы. Подобно жемчужинам, они образуются в результате многих лет аскезы и укрощения плоти.

Сколько подвижничества потребовалось бы от верующих, для того чтобы самостоятельно отвратиться от мирских страстей и удовольствий, если бы мы полагались лишь на собственные силы? А ведь чада Божьи могут достигнуть этой цели достаточно быстро: достаточно во всем положиться на Божью милость и помощь Духа Святого. С помощью Божьей мы сможет превозмочь любые тяготы, пробежать духовный марафон и обрести уготованное нам Небо.

Посему Божьи чада, имеющие веру, да не встретят на своем жизненном пути испытания с ропотом, но да превозмогут искушения с радостью и благодарностью, ожидая скоро грядущих благословений.

Почему двенадцать врат из жемчуга?

На земле для появления одной жемчужины требуется

очень много времени, но на Небесах Бог в состоянии сотворить жемчуг мгновенно. На земле жемчужина не может быть больше, чем раковина выносившего ее моллюска, на Небесах – может быть любого размера. Конечно же небесный жемчуг несравнимо более великолепен, чем земной.

Почему же Бог построил двенадцать врат Нового Иерусалима из жемчуга, а не из других драгоценностей? Не зависимо от великолепия здания, войти в него можно только через двери. Врата Нового Иерусалима сделаны из надлежащих драгоценностей, потому что они обладают важным духовным значением.

Как было истолковано выше, жемчуг обладает особой ценностью уже ввиду процесса его культивации. Подобно тому, как моллюскам приходится принять страдание, дабы произвести жемчуг, верующим надлежит превозмочь много скорбей, дабы войти в Новый Иерусалим. Мы можем войти через жемчужные врата, лишь победив в духовной брани. Жемчуг символизирует эту победу.

В Послании к Евреям 12:4 сказано: *«Вы еще не до крови сражались, подвизаясь против греха»*. А вторая часть стиха 2:10 Откровения побуждает нас: *«Будь верен до смерти, и дам тебе венец жизни»*.

Как говорит Библия, мы можем войти в Новый Иерусалим, самое прекрасное место на Небесах, лишь искоренив в себе грех и всякое зло, явив верность до самой смерти и полностью исполнив свой долг. Пока не будем стойко держаться на камне веры, не преуспеем в этом. Но чада Божьи, верующие в Бога и Царство небесное, всегда да будут преисполнены радости и благодарности, и да преодолеют все испытания, как о том сказано в Писании: *«Всегда радуйтесь. Непрестанно молитесь. За все благодарите: ибо такова о вас воля Божия во Христе Иисусе»* (1 Фессалоникийцам 5:16-18).

Поэтому мы войдем в жемчужные врата Нового Иерусалима силою молитвы и надежды, когда верой обретем победу в духовной битве.

Двенадцать жемчужных врат для героев веры

Двенадцать жемчужных врат представляют собой триумфальные арки в честь героев веры, подобно аркам в ознаменование воинской доблести на земле.

В былые времена люди возводили ворота в честь воинов-победителей, возвращавшихся с войны. Военачальник, принесший победу войску, верхом входил в столицу через такие ворота, окруженный ликующей толпой.

Победоносный полководец входил в царский дворец, где его приветствовали монарх со своей свитой, министры и придворные. Он воздавал должное царю и в ответ получал награды и признание заслуг. Затем происходил торжественный пир победителей. Полководца наделяли славой, богатством и почестями, приличествующими самому монарху.

Если столь велик почет мирским полководцам, то сколь же велики почести, уготованные Богом героям веры, которые войдут в двенадцать врат Нового Иерусалима? Бог окажет им отеческую любовь и позаботится об их вечных обителях, наделит вящей славой, достойной доблестных победителей. Когда они войдут в жемчужные врата, то вспомнят о подвигах веры и преодоленных испытаниях. Слезы благодарности польются из их глаз.

Величие двенадцати жемчужных врат

Обитатели Небес никогда не потеряют своих воспоминаний, так как являются частью духовного мира. Поэтому они смогут наслаждаться размышлениями о прошлом.

Потому входящие в Новый Иерусалим преисполнятся переживаний. Они скажут себе: «Я превозмог столько испытаний, и вот – вхожу в Новый Иерусалим!». Они возрадуются от воспоминаний о духовных победах над врагом дьяволом и бренным миром, над всякой неправдой. Они вновь воздадут хвалу Богу Отцу, помня о Его любви, которая привела их сюда.

В этом мире уровень благодарности угасает со временем, но на Небесах благодарность людская, радость и любовь возрастают изо дня в день. Но каждый раз, взирая на жемчужные врата, жители Нового Иерусалима будут благодарить Бога за Его любовь и помощь.

Я искренне благодарен проповедникам Благой Вести, открывшим мне глаза на свет истины. Я стал тем, кем являюсь сейчас, благодаря их труду, поэтому обязан им не единожды, а постоянно, каждый день.

Улицы из чистого золота

Когда верующие на Небесах вспоминают о своей земной жизни, проходя под сводами величественных жемчужных врат, они попадают в Новый Иерусалим. Город преисполнен Божьей славы, повсюду слышно отдаленное пение ангелов, а из прекрасных садов доносится нежное благоухание цветов. Совершая каждый свой шаг, они ощущают, как их сердца все больше и больше наполняются радостью и благоговением.

Украшенные драгоценными камнями стены и прекрасные жемчужные врата уже были описаны в этой книге. Но из чего же тогда сделаны улицы Нового Иерусалима? В Откровении 21:21 сказано: «Улица города -- чистое золото, как прозрачное стекло». Бог соорудил стены Нового Иерусалима из чистого золота ради своих чад, которые войдут в город.

Иисус Христос: путь

В этом мире есть много путей и дорог, узких и широких. В зависимости от направления и назначения, люди следуют разными путями. Но для того чтобы попасть на Небеса, есть лишь один Путь: Иисус Христос.

«Я есмь путь и истина и жизнь; никто не приходит к Отцу, как только через Меня» (Иоанна 14:6).

Иисус, единственный и единородный Сын Божий,

открыл путь спасения, приняв крестные муки за грехи всех людей, и воскрес в третий день. Поэтому Иисус Христос есть единственный путь на Небеса, путь спасения и жизни вечной. Более того, для того чтобы последовать этому пути, должно принять Иисуса Христа и уподобиться Ему во всем.

Золотые улицы

Река воды жизни обрамлена набережными, которые ведут к Престолу Божьему на бесконечных Небесах. Река жизни берет свое начало у Престола Бога и Агнца, протекает сквозь Новый Иерусалим и его обители, и возвращается к престолу.

> *«И показал мне чистую реку воды жизни, светлую, как кристалл, исходящую от престола Бога и Агнца. Среди улицы его, и по ту и по другую сторону реки, древо жизни, двенадцать раз приносящее плоды, дающее на каждый месяц плод свой; и листья дерева -- для исцеления народов» (Откровение 22:1-2).*

В духовном смысле «вода» символизирует Слово Божье, путь вечной жизни через Иисуса Христа, поэтому исток ее – у Престола Бога и Агнца

Более того, так как река жизни объемлет Небеса, мы можем найти Новый Иерусалим, просто следуя за ее течением.

Значение золотых улиц

Золотые улицы проложены не только в Новом Иерусалиме, но и повсюду на Небесах. Однако, в зависимости от местоположения, блеск и красота улиц различны.

Чистое золото на Небесах, в отличие от земного злата, является твердым металлом. Вместе с тем, идти по таким улицам легко. На Небе нет ни грязи, ни пыли, золото не изнашивается и остается невредимым. По сторонам улиц цветут прекрасные цветы, приветствующие чад Божьих.

Почему же улицы сделаны из чистого золота? Это служит напоминанием, что чем чище сердце верующего, тем лучше его обитель на Небе. Более того, войти в Новый Иерусалим мы можем, лишь обладая верой и надеждой. Бог вымостил улицы чистым золотом, что обозначает духовную веру и рожденную ею страстную надежду на спасение.

Цветочные дороги

Подобно тому, как мы ощущаем различия, прогуливаясь по зеленому лугу и по горной тропе, по вымощенной дорожке сада и по городскому проспекту, ощущения от прогулок по золотым улицам и цветочным дорогам разные. Есть на Небе и дороги из самоцветов, по которым ходить иначе. На земле разные средства передвижения - самолеты, поезда и машины - обеспечивают разную степень комфорта для путешествующего. То же и на Небесах, где Господь силою своей может доставить верующего из одного места в другое.

Цветочные дороги на Небесах умощены цветами. Путники идут прямо по цветущим путям. Ощущения при этом, как от мягчайшего ковра. Цветы остаются невредимы, потому что жители наделены нематериальными духовными телами, которые не оставляют следов.

Более того, небесные цветы радуются и отдают свой аромат ступающим по ним детям Божьим. Когда праведники ступают по цветочным дорогам, их тела впитывают цветочный аромат, а сердца наполняются радостью.

Дороги, вымощенные драгоценностями

Вымощенные самоцветами дороги переливаются различными цветами, многократно отражая сияние духовных тел. Даже драгоценные камни на Небесах источают прекрасный аромат, дарующий несравненное счастье и радость. Ходить по таким дорогам поначалу страшно, потому что кажется, что ступаешь по прозрачной воде. Но каждый шаг дарует восторг.

Однако такие дороги проложены лишь в особых местах. Они являются наградой праведникам и окружают их обители. Лишь те, чьи сердца уподобились Господу, и принявшие великое участие в спасении множества душ получат такую награду. Даже самая малая из этих улиц украшена филигранными узорами, достойными дворца самого великого из земных владык.

Небесные жители не испытывают усталости, не толстеют, не утомляются от однообразия жизни, но вечно любят все в духовном мире. Они в состоянии испытывать больше радости и счастья, чем мы, постоянно сталкиваясь с наполненными духовным смыслом знаками.

Как прекрасен и удивителен Новый Иерусалим! Он уготован Богом для Его возлюбленных чад. Жители Рая, Первого, Второго и Третьего небесных царств необычайно радуются при виде жемчужных врат Нового Иерусалима, когда их приглашают в этот город.

Насколько же более радостны будут чада Божьи, самостоятельно заслужившие Новый Иерусалим, верно последовав за Господом по пути истинному.

Я молюсь во имя Господа Иисуса Христа, чтобы вы преодолели все невзгоды силою веры, чтобы устремились к двенадцати жемчужным вратам Нового Иерусалима и уподобились моллюску, приносящему прекрасную жемчужину после многолетних страданий.

Глава 7

Чарующее зрелище

Храма же я не видел в нем;
ибо Господь Бог Вседержитель -- храм его, и Агнец.
И город не имеет нужды ни в солнце,
ни в луне для освещения своего;
ибо слава Божия осветила его,
и светильник его -- Агнец.
Спасенные народы будут ходить во свете его,
и цари земные принесут в него славу и честь свою.
Ворота его не будут запираться днем,
а ночи там не будет.
И принесут в него славу и честь народов;
и не войдет в него ничто нечистое
и никто преданный мерзости и лжи, а только те,
которые написаны у Агнца в книге жизни.

- Откровение 21:22-27

Святой Дух показал апостолу Иоанну Новый Иерусалим, и он в деталях описал вид города сверху. Иоанн давно жаждал увидеть Новый Иерусалим изнутри и, когда увидел его внутреннее устройство, пришел в исступление, настолько прекрасно было увиденное им.

Если мы окажемся годными, чтобы войти в Новый

Иерусалим, и встанем перед его воротами, то сможем увидеть открытые и подобные арке жемчужные ворота, которые сами по себе настолько велики для нас, что краев их просто не будет видно.

В этот момент невыразимо прекрасный свет от Града Нового Иерусалима достигнет до нас и окружит наши тела. И мы мгновенно чувствуем великую любовь Божию и не можем сдержать слез.

Мы чувствуем разливающуюся любовь Бога Отца, сохранившего нас и призревшего на нас светлым лицем Своим, чувствуем благодать Господа, простившего нас Своею кровью, пролитой на кресте, чувствуем любовь Святого Духа, обитающего в сердцах наших и приведшего нас к жизни в истине, и воздаем безграничную славу и честь.

Обратимся к рассказу апостола Иоанна и рассмотрим подробности описания Града Нового Иерусалима.

Не нужен свет ни солнца, ни луны

При виде внутреннего устройства Нового Иерусалима, апостол Иоанн исполнился славы Божией и свидетельствует:

> *«И город не имеет нужды ни в солнце, ни в луне для освещения своего, ибо слава Божия осветила его, и светильник его – Агнец» (Откровение 21:23).*

Новый Иерусалим исполнен славы Божией, поскольку

Сам Бог правит Градом и в нем средоточие духовного царства, в коем ради человеческого взращивания Бог проявляет себя в ипостасях Троицы.

Слава Божия осеняет Новый Иерусалим

Бог поместил солнце и луну над землей, дабы мы, посредством света и тьмы, могли различать добро и зло, отличать дух от плоти и могли жить как истинные чада Божии. Он знает все о духе и плоти, добре и зле, но человек, в отрыве от человеческого взращивания, этого понять не может, потому что он лишь тварь сотворенная.

Когда первый человек Адам был в саду Эдемском, до зарождения цивилизации, он просто не мог ничего знать о зле, смерти, тьме, нищете или болезнях. Поэтому он не мог осознать истинного значения счастья жизни, или быть благодарным Богу, несмотря на то, что Бог дал ему все для жизни с избытком.

Чтобы познать истинное счастье, Адаму нужно было пролить слезы, познать горе, страдать от боли и болезни, испытать смерть, что и является процессом человеческого взращивания. Более подробно об этом можно прочитать в книге *«Слово о Кресте»*.

В конце концов Адам совершил грех непослушания и вкусил от дерева познания добра и зла, был изгнан на эту землю и на своем опыте познал разницу между тем, что имел, и тем, что обрел. Только после этого он мог осознать, насколько избыточна, счастлива и прекрасна была его жизнь в саду Эдемском, и воздать Богу благодарение от всего сердца.

Его потомки также учились отличать свет от тьмы,

дух от плоти и добро от зла в ходе развития человечества, испытывая многие лишения и невзгоды. Поэтому, получив спасение и оказавшись на Небесах, мы не будем более нуждаться в свете солнца и луны, которые требовались человеческой цивилизации.

Поскольку Сам Бог пребывает в Граде Нового Иерусалима, никакой тьмы там нет. Более того, свет славы Божией во всей силе осеняет Новый Иерусалим; и, вполне естественно, городу не нужны для освещения ни солнце, ни луна, ни какие-либо огни или лампы.

Агнец – светильник Нового Иерусалима

Иоанн не мог найти сравнения свету. Ни солнце, ни луна, никакая лампада или светильник сравниться с тем светом не могли, потому что Иисус Христос – Агнец -- является светочем Нового Иерусалима.

В Иоанна 1:3 читаем: *"Все чрез Него начало быть, и без Него ничто не начало быть, что начало быть"*. Иоанна 15:5 говорит: *"Я есмь лоза, а вы ветви; кто пребывает во Мне, и Я в нем, тот приносит много плода; ибо без Меня не можете делать ничего"*. Мы должны понимать, что Иисус Христос все создал, что человеческое взращивание началось на этой земле, и путь спасения для человека был открыт Им.

Поскольку первый человек Адам совершил грех непослушания, человеческая раса обречена была впасть на путь смерти (Римлянам 6:23). Бог из любви послал Иисуса на землю, чтобы решить проблему греха. Иисус, Сын Божий, прошел на землю во плоти, очистил нас от грехов, пролив Свою кровь и стал первенцем воскресения, сокрушив власть смерти.

В результате, принявшие Иисуса как личного Спасителя получают жизнь, становятся причастниками воскресения, обретают жизнь вечную и могут получать в ответ чего бы они ни попросили здесь, на этой земле. Более того, отныне, живя во свете, Божии дети сами могут стать светом миру и воздавать славу Богу через Иисуса Христа. Другими словами, как лампа является источником света, так свет Божией славы ярче сияет через Спасителя Иисуса.

Восхищение Нового Иерусалима

Когда смотришь на Новый Иерусалим издалека, то сквозь облака славы можно увидеть прекрасные здания, сделанные из различных драгоценных камней и золота. Весь город кажется живым в переливах разноцветного сияния в чистых голубоватых тонах: свет исходит от зданий из драгоценных камней, от стен, сделанных из ясписа и чистейшего золота, - все заполнено светом славы Божией.

Можно ли описать словами чувство и волнение, которое охватывает при входе в Новый Иерусалим? Город настолько прекрасен, великолепен и восхитителен, что это не поддается воображению. В центре Града - Престол Божий, исток реки воды жизни. Вокруг Престола Божия расположены обители Илии, Еноха, Авраама, Моисея, Марии Магдалины и Девы Марии, всех, кого Бог очень, очень любил.

Дворец Господа

Дворец Господа расположен справа и ниже Престола Божия, где Бог находится при служении поклонения или во время праздничных пиршеств в Граде Нового Иерусалима. В центре дворцового комплекса Господа высится гигантское здание с золотой крышей, окруженное бесчисленными строениями разного рода. Повсюду видны кресты славы в сиянии ярких огней над золотыми куполами. Кресты напоминают нам тот факт, что мы получили спасение и оказались на Небесах благодаря тому, что Иисус претерпел на кресте.

Большое здание посредине – некая конструкция цилиндрической формы. Поскольку она украшена драгоценными камнями искуснейшей работы, прекрасный свет от камней сливается в подобие радуги. Если сравнивать дворец Господень с существующими на земле строениями, то больше всего на него похож собор Василия Блаженного в Москве. Однако великолепие стиля, материалов и размеров не идет ни в какое сравнение с чем либо и когда-либо созданным или сконструированным на земле.

Помимо центрального здания, комплекс дворца Господа включает в себя многочисленные строения. Сам Бог Отец предусмотрел эти здания для того, чтобы имеющие тесные отношения в духе могли обитать в них вместе с теми, кого они любят. К дворцу Господа обращены дома двенадцати учеников. Непосредственно первыми стоят дома Петра, Иоанна и Иакова, дома остальных учеников расположены за ними. Замечательно, что во дворце Господа имеется место для пребывания в нем Марии Магдалины и Девы Марии. Конечно, это места для двух женщин, в которых они временно пребывают, будучи приглашенными Господом. Настоящее место их пребывания – подобные дворцам обители, расположенные рядом с Престолом Божиим.

Дворец Святого Духа

Слева и ниже Престола Божия расположен дворец Святого Духа. Гигантский дворец представляет собой гармоничное сочетание увенчанных куполами зданий различных размеров и символизирует основные черты Святого Духа – материнскую нежность и кротость.

Крыша самого большого здания дворца подобна гигантскому цельному сердолику, символизирующему страстную любовь. Вокруг здания протекает река воды жизни, исходящая от Престола Божия и дворца Господа.

Все дворцы Нового Иерусалима безмерно величественны и восхитительны, но дворцы Господа и Святого Духа особенно грандиозны и прекрасны. Размер их сопоставим скорее с размером целого города, а не дворца или замка, и строения выделяются особым изяществом стиля. Это так, потому что в отличие от других зданий эти построены ангелами и Самим Богом Отцом. Более того, так же, как и во дворце Господа, в комплекс входят обители ставших едиными с Духом Святым и подвизавшихся за Божие царство в эпоху Святого Духа. Эти прекрасно выстроенные здания окружают дворец Святого Духа.

Облачный мост славы и место собраний

Дворцы Господа и Святого Духа соединены аркой ярких, роскошных и чудных облаков. Это великолепный облачный мост, посреди которого находится место встречи Господа и Святого Духа, где Они сходятся и беседуют между Собой.

Даже обитателям Нового Иерусалима запрещен вход туда. Это место блюдется только для встреч Господа и Святого Духа. Иногда Господь приходит туда первым и ожидает Святого Духа, иногда раньше на встречу приходит Дух Святой и ждет прихода Господа. Здесь, за столом из драгоценных камней под зонтом радуги, Они ведут дружеские беседы как братья. Глядя на реку воды жизни, протекающую под облачным мостом, Они беседуют от сердца к сердцу, делятся друг с другом и обсуждают то, о чем не могли поговорить во время Своего земного служения. Они не только ведут дружескую беседу, но глубоко чувствуют и разделяют любовь Отца.

Великое Святилище

Вокруг дворца Святого Духа воздвигаются великие и прекрасные здания, но одно -- особенно величественное. Его круглая крыша покоится на двенадцати высоких колоннах, между которыми расположены двенадцать больших врат. Это Великое Святилище в честь Града Нового Иерусалима.

Однако Иоанн в Откровении 21:22 говорит: *«Храма же я не видел в нем, ибо Господь Бог Вседержитель -- храм его, и Агнец».* Почему Иоанн не мог увидеть

Храма? Люди обычно думают, что как нам нужно место для проживания, так и Богу нужно место для обитания, т.е. храм. Поэтому на этой земле мы поклоняемся Ему в святилищах, где проповедуется Слово Божие.

Как провозглашает Евангелие от Иоанна 1:1: *«В начале было Слово, и Слово было у Бога, и Слово было Бог»*, то есть, где Слово -- там и Бог, где бы ни проповедовалось Слово – там и святилище. Однако Сам Бог обитает в Граде Нового Иерусалима. Бог, Сам по существу Слово, и Господь, единый с Богом, обитают в Граде Нового Иерусалима, поэтому никакого еще храма там не нужно. Таким образом, через апостола Иоанна Бог дает нам знать, что нет нужды в храме, когда Бог и Господь Сами суть храм в Новом Иерусалиме.

В таком случае, остается удивляться, почему же ныне возводится Святилище, которого не было во время апостола Иоанна? В книге Деяний 17:24 читаем: *«Бог, сотворивший мир и всё, что в нем, Он, будучи Господом неба и земли, не в рукотворенных храмах живет»*. Бог не обитает в каких-то особых конкретных храмовых зданиях. Опять же, в Псалтири 102:19 читаем: *«Господь на небесах поставил престол Свой, и царство Его всем обладает»*. Престол Божий находится на Небесах.

Так вот, Престол Божий находится на Небесах, но Бог, однако, желает возвести Великое Святилище, соответствующее Его славе. Великое Святилище становится убедительным свидетельством Божией славы и власти над всем миром..

На земле много больших и красивых зданий. Люди вкладывают огромные деньги и возводят прекрасные строения для собственной славы и в соответствии со своими пожеланиями. Но никто не делает этого для Бога, Который истинно достоин прославления. Поэтому Бог желает, чтобы великолепное и прекрасное Великое Святилище воздвигли Его дети, получившие Дух Святой и освященные. Он желает, чтобы все народы и племена земные должным образом воздали Ему славу (1-я Паралипоменон 22:6-16).

Подобным образом, прекрасное Великое Святилище строится так, как это угодно Богу, дабы народы всех стран прославили Бога и приготовили себя как невесту Господа к встрече Его. Поэтому Бог подготовил Великое Святилище как центр благовестия, чтобы вывести бесчисленное множество людей на путь спасения и в конце времен привести их в Новый Иерусалим. Если мы осознаем этот промысел Божий, возведем Великое Святилище и воздадим славу Богу, Он вознаградит нас по делам нашим и воздвигнет такое же Великое Святилище во Граде Нового Иерусалима.

Таким образом, глядя на Великое Святилище из золота и драгоценных камней, не сравнимое ни с чем здесь, на земле, взошедшие на Небеса будут беспрестанно благодарить Бога за Его любовь, которая через все этапы развития человеческой цивилизации вывела нас на путь славы и благословения.

Небесные обители, украшенные золотом и драгоценными камнями

Дворец Святого Духа окружают многочисленные здания, украшенные различными драгоценными камнями. Многие строения еще возводятся. Множество

ангелов занято работой, и можно видеть, как они
укладывают прекрасные драгоценные камни или
до блеска очищают готовые части здания. Так Бог
вознаграждает и воздает каждому по делам его, творя
дивные обители для пребывания здесь. Однажды Бог
показал мне обители двух очень верных работников этой
церкви. Одна была источником великой поддержки для
церкви, пребывая в молитве о Царствии Божием день и
ночь, – ее обитель выстроена из благоухания упорной
молитвы и от самого входа украшена сверкающими
драгоценными камнями.

Все милые черты ее характера также учтены, и в
уютном уголке сада располагается столик, где она
может посидеть за чаем с ее дорогими и любимыми.
На лужайке множество разных цветов, какие ей всегда
нравились. Это только вход и сад ее личной обители.
Можете представить, насколько великолепнее сам дом?

Второй дом, который показал мне Бог, принадлежит
работнику, посвятившему себя литературному
благовестию здесь, на земле. Я заглянул только в одну
из множества комнат главного здания. Там был стол,
кресло, подсвечник - все из чистого золота - и масса
книг. Это награда и память о ее труде прославления Бога
через литературное благовестие. И еще, Бог знает, что
она очень любит читать.

Подобно этому, Бог не только готовит нам небесные
обители, но еще дает удивительные и прекрасные вещи,
которых мы и представить себе не можем. Это награда
за то, что здесь, на земле, мы отказались от изобилия и
мирских удовольствий, дабы полностью посвятить себя
достижению Божьего царства.

Навечно с Господом, нашим Женихом

Торжественные пиршества, включая то, которое проводит Бог Отец, постоянно проходят в Граде Нового Иерусалима. Это потому, что обитатели Нового Иерусалима могут приглашать братьев и сестер, обитающих в других местах пребывания на Небесах.

Какое же должно быть счастье и слава жить в Новом Иерусалиме и быть приглашенным Господом на приятное пиршество, дабы разделить с Ним любовь!

Радушный прием во дворце Господа

Когда обитатели Нового Иерусалима приглашаются Господом, нашим Женихом, они украшают себя как самую прекрасную невесту и с радостным сердцем собираются во дворце Господа. Когда невесты Господа прибывают во дворец, два ангела по обе стороны сияющих главных ворот радушно встречают их. При этом благоухание от стен, украшенных множеством драгоценных камней и цветов, окутывает их тела и дополняет радость и удовольствие.

При входе в главные ворота едва слышен звук хвалы, трогающий самые глубины духа. Затем, при различении этого звука, мир, счастье и благодарность за любовь Божию переполняют сердца, поскольку приходящие знают, что Он привел их сюда.

К главному зданию ведет золотая, чистая, как стекло, дорога. Невесты идут по ней в сопровождении ангелов, минуя многочисленные прекрасные здания и сады. По мере приближения к главному зданию сердца все сильнее бьются в надежде встретиться с Господом. Они подходят еще ближе и уже видят Самого Господа, ожидающего их. Слезы застилают глаза, но они бегут к Господу, искренне желая хоть на мгновение раньше узреть Его. Господь ждет их с распростертыми объятиями, лицо Его светится любовью и кротостью, Он обнимает каждого входящего.

Господь говорит: «Войдите, дорогие невесты Мои! Я так рад вам!». Всякий приглашенный исповедует у Него на груди: «От всего сердца благодарю за приглашение прийти!». И они идут рука об руку с Господом как глубоко влюбленные супруги и приятно беседуют о том, о чем страстно желали поговорить еще со времени пребывания на земле. Справа от главного здания расположено большое озеро, и Господь подробно объясняет Свои чувства и рассказывает о том, что происходило во время Его служения на этой земле.

У озера, напоминающего море Галилейское

Почему это озеро напоминает им море Галилейское? Бог создал это озеро в память о том, что Господь начал и большую часть Своего служения провел на берегах Галилейского моря (Матфея 4:23). Книга пророка Исайи 9:1 говорит: *«Прежнее время умалило землю Завулонову и землю Неффалимову; но последующее возвеличит приморский путь, Заиорданскую страну, Галилею языческую».* Таково было пророчество о том, что Господь начнет Свое служение у моря Галилейского, и это пророчество исполнилось.

Многие рыбы, светящиеся разным цветом, плавают в этом большом озере. В 21-й главе Евангелия от Иоанна воскресший Господь является не поймавшему ни одной рыбы Петру и говорит ему: *«Закиньте сеть по правую сторону лодки, и поймаете»* (ст. 6), и, когда Петр согласился, они поймали 153 рыбы. В дворцовом озере плавают также 153 рыбы, и это еще одно напоминание о служении Господа. Когда рыбы выпрыгивают из воды и совершают удивительные кувырки в воздухе, их цвет меняется, и феерия цвета дополняет радость и удовольствие приглашенных.

Господь идет по водам озера точно так, как Он шел по земному морю Галилейскому. Затем приглашенные становятся вокруг озера в радостном ожидании услышать, что говорит Господь. Он подробно рассказывает, что произошло, когда Он шел по морю Галилейскому. Тогда там, на земле, Петр смог пойти по воде, послушавшись Слова Господа, но начал тонуть из-за недостатка веры и очень об этом сожалел (Матфея 14:28-32).

Музей в честь служения Господа

Посещая различные памятные места дворца, присутствующие думают о времени их взращивания на земле и переполняются любовью Отца и Господа, приготовивших для них Небеса. Они приходят в музей, расположенный слева от главного здания дворца Господа. Сам Бог Отец возвел его в память о земном служении Господа, чтобы мы могли увидеть и прочувствовать происходившее как в реальности.

Например, вот место, где Понтий Пилат судил Иисуса. Вот -- Виа Долороса, где Он нес на Голгофу Свой крест. Они восстановлены в первоначальном виде. Видя эти места, Господь подробно рассказывает, как тогда все происходило.

Не так давно, по вдохновению Духа Святого, я узнал, что Господь исповедовал в тот самый момент, и хотел бы поделиться с вами. Это глубоко прочувствованное исповедание Господа, пришедшего на эту землю, оставив всю славу небесную. Неся крест и восходя на Голгофу, Он исповедал:

Отче! Отец Мой!
Отец Мой, Совершенный во свете,
Ты истинно любишь все!
Землю, на которую Я ступил
Впервые с Тобою,
И людей, от сотворения их
Так растленных...

Теперь понимаю,
Зачем Ты послал Меня,
Почему дал страдать Мне от скорбей,
Исходящих из растленного сердца людского,
И почему дал сойти сюда
Из места славы небесной!
Теперь я могу почувствовать и понять
Все это
До глубины Моего сердца.

Но Отче!

Знаю, что Ты восстановишь все
По правде Своей и сокрытому в тайне.
Отче!
Все сие прейдет,
Но ради славы,
Которую Ты дашь Мне,
И путей света, которые Ты открываешь этим людям,
Отче,
Я принимаю сей Крест с надеждой и радостью.

Отец, Я способен пройти этот путь,
Потому что верую,
Ты откроешь и путь и свет
По Твоему благоволению и в Твоей любви,
И дашь воссиять Сыну Твоему
Прекрасным светом,
Когда все сие минует
Вскоре.

Отче!
Была золотой земля, на которую ступала нога Моя,
И из золота были пути, по которым ходил Я,
И аромат цветов, который вдыхал Я,
Нельзя сравнить
С тем, что здесь, на земле,
Одежды Мои,
В которые Я облачался,
Совсем не похожи на то, что на Мне ныне,
А место, в котором обитал Я,
Место славы.
И как желал бы Я, чтобы люди

Узнали прекрасное место покоя Моего.

Отче,
Я вполне понимаю Твой промысел,
Зачем Ты родил Меня,
Зачем вменил Мне эту обязанность
И почему допустил Мне сойти сюда,
Чтобы ступить на эту развращенную землю
И прочитать умы развращенных человеков.
Восхваляю Тебя, Отче,
За любовь Твою и величие,
За все, что в Тебе безупречно.

Дорогой Отец Мой!
Люди думают, что Я не могу защитить Себя,
Что притязаю быть Царем Иудейским.
Но, Отче,
Как им понять воспоминания,
Истекающие из Моего сердца,
Любовь Отца, истекающую из Моего сердца,
Любовь к этим людям,
Истекающую из Моего сердца?

Отче,
Многие люди осознают и поймут
То, чему надлежит быть после
Через Духа Святого,
Которого Ты дашь им как дар
После того, как Я уйду.
Из- за этой преходящей боли,
Отче, не проливай слез,

И не отврати лица Своего от Меня.
Не позволь Своему сердцу наполниться болью,
Отче!

Отец, Я люблю Тебя!
До того мига, когда распнут Меня,
Пролью кровь Мою и испущу дыхание,
Отче, думаю обо всем этом
и о сердцах людей сих.

Отче, не скорби,
Но будь прославлен через Сына Своего,
И промысел и все намерения Отца
Да свершатся в полноте на веки и навечно.

Иисус объясняет, что Он думал на Кресте о славе
небесной, о том, как Он Сам предстанет пред Отцом,
о людях, о причине, по которой Отец поручил Ему эту
обязанность, и так далее.

У приглашенных во дворец Господа льются слезы,
когда они слышат это, и со слезами на глазах они
благодарят Господа за то, что принял Крест за них. Из
глубины сердца исходит исповедание: «Господи мой, Ты
воистину мой подлинный Спаситель!».

В память о скорбях Господних Бог вымостил дороги
во дворце Господа драгоценными камнями. Когда идешь
по дороге, устланной и украшенной бесчисленными
драгоценными камнями разных цветов и оттенков, свет
становится ярче, и ощущение такое, будто идешь по
воде. В память о том, что Сын был вознесен на древо
креста для искупления людей от грехов их, Бог Отец

воздвиг здесь деревянный Крест, запятнанный кровью. Здесь же и ясли вифлеемские, где родился Господь, - многое, что позволяет увидеть и прочувствовать служение Господа как в реальности. Посещая эти места, можно очень живо увидеть и услышать о делах Господних, и глубже почувствовать любовь Господа и Отца, и как никогда прежде воздать славу и благодарение.

Слава обитателей Нового Иерусалима

Новый Иерусалим – самое прекрасное место на Небесах, данное в награду тем, кто завершил освящение в сердце и был верен во всем доме Божием. Откровение 21:24-26 говорит, какие люди удостоятся славы войти в Новый Иерусалим:

> *«Спасенные народы будут ходить во свете его, и цари земные принесут в него славу и честь свою. Ворота его не будут запираться днем; а ночи там не будет. И принесут в него славу и честь народов».*

Народы, ходящие во свете его

Здесь слово «народы» относится ко всем спасенным людям, независимо от этнической принадлежности. Люди отличаются гражданством, расой, обладают другими отличительными особенностями и признаками, но, получив спасение через Иисуса Христа, все становятся чадами Божиими, обретая гражданство Царства небесного.

Таким образом, фраза «народы, ходящие во свете его» означает, что все чада Божии будут ходить во свете славы Божией. Однако не все дети Божии обретут славу свободно входить во Град Нового Иерусалима. Дело в том, что пребывающие в Раю, в Первом, Втором или Третьем царствах небесных могут войти в Новый Иерусалим только по приглашению. Исключительно те, кто полностью освящен и был верен во всем доме Божием, могут удостоиться чести вечно видеть Бога Отца лицом к лицу в Новом Иерусалиме.

Цари земные принесут в него славу свою

Фраза «цари земные» означает тех, кто на земле был в числе духовных вождей. Они воссияют как двенадцать драгоценных камней в двенадцати основаниях стен Нового Иерусалима и отвечают всем требованиям, предъявляемым постоянным обитателям Града. Подобно им, признанные Богом предстанут пред Ним и принесут с собой приготовленные от всего сердца приношения. Под словом «приношения» я имею в виду все, чем воздается слава Богу от полного и чистого, как кристалл, сердца.

Следственно, «цари земные принесут в него славу и честь свою» означает, что в виде приношений они приготовят все то, что неутомимо делали для Божьего царства и чем прославляли Бога. С этими дарами они и войдут в Новый Иерусалим.

Цари земные делают подношения и подарки, льстя царям более сильных и могучих держав, но подношение

Богу – благодарность за то, что Он вывел на путь спасения и жизни вечной. Бог с радостью принимает эти приношения и вознаграждает их почестью вечного пребывания в Граде Нового Иерусалима.

Сам Бог есть свет, и Он пребывает в Новом Иерусалиме, поэтому тьмы здесь нет. Поскольку здесь нет ночи, зла, смерти или воровства, то нет и нужды запирать ворота Нового Иерусалима. Почему же в Писании сказано «днем»? Слово это употреблено потому, что нам даны только ограниченные знание и способность полностью понять Небеса.

Принесение славы и чести народов

Что же, в таком случае, означает фраза «принесут в него славу и честь народов»? Получившие спасение из всех народов – именно они «принесут в него славу и честь народов», и фраза означает, что эти спасенные войдут в Новый Иерусалим с тем, чем они прославили Бога, источая на земле благоухание Иисуса Христа.

Ребенок хвастается перед родителями, если усердно учится и начинает получать хорошие оценки. Родители радуются и гордятся усердием ребенка, даже если он и не становится отличником. Подобно этому, Бог с радостью принимает наше благоухание Христово, которое мы распространяем в меру наших усилий, когда с верой трудимся на земле для Царствия Божия и прославляем Бога.

Уже упоминалось, что «цари земные принесут в него славу и честь свою». Первая причина упоминания в этом тексте «царей земных» состоит в том, чтобы показать духовную последовательность или порядок, согласно которому люди предстанут пред Богом.

Первыми во славе, воссияв как солнце, пред Богом предстанут признанные достойными для вечного пребывания в Новом Иерусалиме. За ними, в соответствующей славе, последуют спасенные из всех народов. Мы должны ясно понимать, что те, кто не отвечает требованиям, предъявляемым к постоянным обитателям Нового Иерусалима, могут посещать Град только время от времени.

Те, кто никогда не сможет войти в Новый Иерусалим

Бог любви желает, чтобы все и каждый получил спасение. Бог хочет наградить каждого, в меру дел его, соответствующей обителью и небесными воздаяниями. Поэтому те, кто не удостоился пребывания в Новом Иерусалиме, попадут, по мере своей веры, в Третье, Второе, Первое небесные царства или в Рай. Для них Бог также устраивает особые пиршества и приглашает их в Новый Иерусалим, чтобы и они могли насладиться великолепием Города.

Но есть такие, кто никогда не сможет войти в Новый Иерусалим, даже если Бог и захочет их пожалеть. Это те, кто не получил спасения. Им никогда не увидеть славу Нового Иерусалима.

> *«И не войдет в него ничто нечистое и никто преданный мерзости и лжи, а только те, которые написаны у Агнца в книге жизни»* (Откровение 21:27).

«Нечисто» - судить и обвинять другого, жаловаться, ища своего интереса и собственной выгоды. Таких людей и означает здесь слово «нечистое». Это всякий, кто, вместо того чтобы пытаться понять других, берет на себя роль судьи и своевольно осуждает их. «Мерзость» здесь означает двоедушие, исходящее из гнусного, мерзостного сердца. Поскольку и сердце, и разум такого человека своенравны и непостоянны, он воздает благодарность, только если получает ответ на молитву, но если сталкивается с испытаниями, скоро начинает жаловаться и хныкать. Подобным образом, человек с бесчестным сердцем обманывает свою совесть и не замедлит переменить мнение, преследуя собственный интерес.

«Лживый» обманывает и себя, и свою совесть. Нужно понимать, что обман такого рода – это ловушка сатаны. Есть лжецы, которые лгут по привычке, есть такие, кто лжет другим «во благо», но Бог хочет, чтобы мы отвергли от себя и такую ложь. Есть такие, кто наносит вред другим лжесвидетельствуя. Не получит спасения тот, кто злонамеренно обманывает других. Более того, кто обманывает Святого Духа или лукавит в делах Божиих, считается «лжецом». Иуда Искариот, один из двенадцати учеников Иисуса, отвечал за денежный ящик и обманывал в деле Божием, воруя из сокровищницы, согрешая и в другом. Когда, в конечном счёте, сатана вошел в него, он продал Иисуса за тридцать сребреников и был навечно отвергнут.

Есть такие, кто видит исцеленных больных и изгнание бесов Святым Духом и силою Божией, но все равно отрицает, что это дело Божие и говорит, что это дела сатаны. Такие не могут попасть на Небеса, потому что богохульствуют и возводят хулу на Дух Святой. Перед Богом нельзя лгать ни при каких обстоятельствах.

Вычеркивание имен из книги жизни

Имена спасенных верою записываются в книгу жизни Агнца (Откровение 3:5). Однако это не означает, что всякий, принявший Иисуса Христа, будет спасен. Человек может быть действительно спасен, только если он действует в соответствии со Словом Божиим и уподобляется сердцу Господа обрезанием своего сердца. Если мы продолжаем делать неправду, даже после принятия Иисуса Христа наши имена будут вычеркнуты из книги жизни, и в конечном счете мы даже не получим спасения.

Об этом Откровение 22:14-15 говорит, что блаженны те, которые соблюдают заповеди Его, а те, которые не соблюдают, не получают спасения:

«Блаженны те, которые соблюдают заповеди Его, чтобы иметь им право на древо жизни и войти в город воротами. А вне -- псы и чародеи, и любодеи, и убийцы, и идолослужители, и всякий любящий и делающий неправду».

«Псы» здесь – те, кто снова и снова делают неправду. Те, кто не отвращаются от злых дел своих, но продолжают повторять зло, не могут спастись никогда. Такой человек, как пес, возвращающийся на блевотину свою, и как вымытая свинья, которая идет валяться в грязи. Кажется, человек отбросил от себя все зло, но вот, опять возвращается на пути погибели; кажется, стал лучше, а опять в пороках.

Тем не менее, Бог признает веру того, кто стремится делать добро, даже если он еще и не может действовать в полном соответствии со словом Божиим. В конце концов такой человек спасен будет, потому что все еще находится в процессе изменения, и Бог оценивает эти усилия веры.

Слово «чародеи» означает тех, кто занимается всякой магией и волшебством. Это гнусность, поскольку подталкивает других служить ложным богам. Богу это крайне отвратительно.

«Любодеи» - это те, кто совершает прелюбодеяние, состоя в браке и имея мужа или жену. Существует не только физическое нарушение супружеской верности, но и духовная измена, когда человек больше Бога любит что-то еще. Если кто-то на своем опыте явно испытал действие Живого Бога и осознал Его любовь, но все еще обращается к чему-то мирскому, и это мирское, скажем, деньги или семью, продолжает любить больше чем Бога, то этот человек совершает духовное прелюбодеяние и не прав перед Богом.

«Убийцы» совершают физические и духовные убийства. Если вы знаете духовное значение слова «убийство», то вероятнее всего не осмелитесь сказать, что никого никогда не убили. Духовное убийство – стать причиной согрешения другого чада Божия или лишить другого духовной жизни (Матфея 18:7). Если вы приносите боль другому чем-либо противоречащим истине – это тоже духовное убийство (Матфея 5:21-22).

Ненависть, зависть, нетерпимость, гнев, распри,

разногласия, осуждение, ложь, обман, бесчинство, клевета, злословие, отсутствие любви и милосердия – тоже духовное убийство (Галатам 5:19-21). Иногда, однако, люди претыкаются о свою собственную порочность. Например, ушел от Бога, потому что кто-то в церкви его обидел, – это и есть преткнуться о собственный порок. Если бы истинно верил Богу, никогда бы не преткнулся.

Бог также крайне ненавидит «идолослужение». И здесь, идолослужение может быть и физическим, и духовным. Физическое идолослужение – изготовление истукана или божка как образа и предмета поклонения и поклонение ему (Исайя 46:6-7). Духовное идолопоклонство – наличие чего-либо, что человек любит больше чем Бога. Если кто-то любит супруга, супругу или детей более чем Бога, исполняя собственные вожделения, или нарушает Божии заповеди, когда любовь к деньгам, славе, знаниям превышает любовь к Богу, – это и есть духовное идолопоклонство.

Такие люди, сколько бы ни взывали: «Господи, Господи», сколько бы ни сидели в церкви, спасения не получат и на Небеса не попадут, потому что не любят Бога.

Поэтому, если вы приняли Иисуса Христа, получили Дух Святой как Божий дар и ваши имена записаны в книге жизни Агнца, то, пожалуйста, помните, что сможете взойти на Небеса и приблизиться к Новому Иерусалиму, только когда дела ваши будут в соответствии со Словом Божиим.

Новый Иерусалим – место только для тех, кто полностью освятился сердцем и верен во всем доме Божием. Такие войти могут.

С одной стороны, те, кто войдет в Новый Иерусалим, узрят Бога лицом к лицу, насладятся беседами с Господом и будут в невообразимой чести и славе. С другой стороны, обитатели Рая, Первого, Второго и Третьего небесных царств смогут посещать Град Нового Иерусалима только по приглашению на специальные пиршества, в том числе те, которые устраивает Бог Отец.

Молюсь во имя Господа Иисуса Христа, чтобы вы смогли стать истинными чадами Божиими, подвизавшимися добрым, до пролития крови, подвигом битвы со грехом и злом, совершившими освящение сердца и верными во всем доме Божием, дабы пребыть вечно в Новом Иерусалиме.

Глава 8

«Я увидел святый город Новый Иерусалим»

Блаженны вы,
когда будут поносить вас и гнать
и всячески неправедно злословить за Меня.
Радуйтесь и веселитесь,
ибо велика ваша награда на небесах:
так гнали и пророков,
бывших прежде вас.

- Матфея 5:11-12

Во Граде Нового Иерусалима небесные жилища строятся, чтобы в них впоследствии обитали те, чьи сердца полностью уподобились сердцу Бога. Их возводят архангелы и ангелы, ответственные за строительство, в соответствии со вкусами каждого владельца, и руководит ими Господь. Такой чести удостоены только те, кто войдет в Новый Иерусалим. Иногда Сам Бог дает распоряжение одному из архангелов построить дом специально для конкретного лица, с тем, чтобы здание в точности отвечало вкусам и предпочтениям владельца. Ни единая слезинка чад Божиих, пролитая за Его Царство, не остается забытой, и Он награждает детей Своих прекрасными и драгоценными камнями.

В Матфея 11:12 Бог ясно говорит нам, что в меру нашей победы в духовной битве и по мере нашей духовной зрелости мы и сможем обрести более прекрасное место обитания на Небесах:

«От дней же Иоанна Крестителя доныне Царство Небесное силою берется, и употребляющие усилие восхищают его».

Бог любви многие годы вел нас, дабы мы силою приближались к Небесам, ясно показывая ожидающие нас чертоги Нового Иерусалима. И это потому, что Господь ушел, дабы приготовить место для нас, а теперь придет и не умедлит.

Надеюсь, что глядя на небесные обители, к которым прикоснулся Сам Бог, вы осознаете любовь Бога, чутко и тактично вознаграждающего вас по делам вашим.

Небесные обители невообразимого размера

В Новом Иерусалиме много прекрасных зданий невообразимого размера. Среди них есть одно прекрасное и восхитительное строение, возведенное на обширной, прилегающей к нему территории. В центре – круглый, величественный и прекрасный трехэтажный дворец, вокруг него - многочисленные постройки, дорожки, скверы, места отдыха, все, что делает место, похожим на всемирно известные парки развлечений и отдыха. Но, что удивительно, весь этот, похожий на город, небесный дом принадлежит всего одному человеку, выросшему здесь, на земле!

Блаженны кроткие, ибо они наследуют землю

Если здесь, на земле, у вас были бы определенные финансовые возможности, то вы могли бы купить участок земли и построить на нем прекрасный дом, какой захочется. А на Небесах, несмотря ни на какое богатство, нельзя ни купить участок, ни построить ничего, потому что Бог награждает там и уделом, и жилищем по делам нашим.

Матфея 5:5 говорит: *«Блаженны кроткие, ибо они наследуют землю»*. В зависимости от того, насколько мы уподобились Господу, в меру достижения духовной кротости здесь, на земле, мы и можем «наследовать землю» на Небесах. Это так, потому что духовно кроткий может открыть свои объятия всем, люди могут прийти к нему, найти покой и утешение. Поскольку сердце его кроткое, нежное и мягкое как пух, он будет в мире со всеми и в любой ситуации.

Однако, если мы идем на компромисс с миром, отступаем от истины, чтобы быть в мире с окружающими, это не есть духовная кротость. Истинно кроткий может не только открыть объятия кроткого и мягкого сердца, но имеет смелость и ему достанет сил даже подвергнуть риску собственную жизнь ради истины.

Такой человек может завоевать сердца многих и вывести их на путь спасения. Имеющий кротость и любовь обретет лучшую небесную обитель, поэтому кроткий может получить величественный дворец небесный. Таким образом, истинно кроткому принадлежит дом, который мы описали.

Дом, как целый город

В центре такого дома - огромный дворец, украшенный золотом и драгоценными каменьями. Крыша его сделана из ярко сияющего цельного сердолика круглой формы. Вокруг великолепного светящегося дворца протекает река воды жизни, исходящая от Престола Божия, а многочисленные строения вокруг дворца делают место похожим на столичный город. Аллеи и места отдыха в парке развлечений украшены золотом и драгоценными камнями.

С одной стороны обширной территории лес -- долина и большое озеро, с другой – покрытые цветами холмы с ниспадающими водопадами. И море, где курсирует прогулочная яхта размеров «Титаника».

Совершим прогулку по этой великолепной обители. С четырех сторон усадьбы ко дворцу ведут двенадцать ворот, войдем через главные ворота, из которых можно видеть центральный дворец.

Главные ворота украшены множеством драгоценных камней и охраняются двумя ангелами. Они мужского рода и выглядят очень сильными. Стоят с таким очевидным достоинством, даже глазом не моргнут, что кажутся совершенно неприступными.

С каждой стороны ворот - прекрасные круглые колонны. Стены украшены драгоценными камнями и цветами, которые кажутся бесконечными. Входим в ворота, которые сами открываются перед нами. Ангелы сопровождают нас, и впереди открывается вид на стоящий в отдалении большой дворец с красной крышей, которая освещает нас дивным светом.

Глядя на множество зданий разного размера и также украшенных драгоценными каменьями, нельзя не проникнуться любовью Бога, награждающего в 30, 60 или во 100 крат за то, что вы сделали или пожертвовали. Вы благодарны за то, что Он отдал Сына Своего Единородного, дабы Он вывел вас на путь спасения и жизни вечной. Но и этого мало, Он также приготовил для вас такие прекрасные небесные обители. Благодарность и радость переполняют сердце.

Звучит мягкая, тихая, но ясная и прекрасная музыка хвалы. Вы слышите эти звуки, и невыразимый мир и счастье овладевают духом вашим, чувства выплескиваются в словах:

В самых-самых духа глубинах
Звучит мелодия слаще псалма;
Божественных струн несказанный елей
Над душою моей безграничный покой.
Мир! Мир! Дивный мир
Сходит от Отца свыше!
И, да вечно пребудет он над духом моим, я молю,
В непостижимых волнах любви.

Золотые дороги, чистые, как стекло

Пройдем по золотой дороге к большому дворцу.

Перед центральным входом во дворец нас встречают золотые деревья с аппетитными плодами из драгоценных камней. Посетители срывают вкуснейшие плоды, которые так и тают во рту, наполняя все тело энергией и удовольствием.

По обеим сторонам дороги благоухают цветы разного цвета и размера. Все вокруг источает дивный аромат. Лужайки чередуются с группами разнообразных деревьев и формируют прекрасный сад с золотыми дорожками и аллеями. Цветы всех оттенков радуги, похоже, испускают свечение и обладают неповторимым ароматом. На некоторых цветках подобные разноцветным бабочкам насекомые. Они порхают от цветка к цветку. Ветви деревьев покрыты светящимися листьями и с них свисают прекрасные плоды, которые так и просятся в руки. Среди листвы поют разнообразные птицы с золотым оперением, какие-то животные мирно бродят в отдалении - картина исполнена мира и счастья.

Облачный автомобиль и золотая повозка

Мы находимся у вторых ворот. Дом настолько велик, что внутри главного входа находятся еще одни ворота. Перед нашими глазами обширная площадка, напоминающая транспортную стоянку. Здесь, к нашему полному изумлению, в ожидании застыли невероятные облакомобили и потрясающая золотая повозка.

Золотая повозка, украшенная большими бриллиантами и другими драгоценными камнями, предназначена для владельца дома, она одноместная. При движении, из-за множества драгоценных камней, она сияет, как звездочка фейерверка. Это транспортное средство значительно быстрее самодвижущегося облака.

Облачный автомобиль оснащен четырьмя колесами и крыльями, окружен чистыми белыми облаками и от него исходит чудное свечение. На поверхности это транспортное средство использует колеса, при полете расправляются крылья, а колеса сами убираются, поэтому движение происходит очень легко.

Представляете себе, какая честь, путешествовать с Господом по разным небесным местам на самодвижущихся облаках в сопровождении почетного эскорта духов небесных и ангелов? Если самодвижущееся облако дается каждому входящему в Новый Иерусалим, можете представить, какова награда владельца дома, если у него в гараже их не счесть?

Большой дворец в центре

Мы прибываем в величественный и прекрасный дворец на самодвижущемся облаке и видим трехэтажное здание с крышей из сердолика. Здание настолько грандиозно, что ни с каким строением на земле его сравнить нельзя. Оказывается, что все здание медленно вращается, светясь удивительным сиянием. Благодаря ярким огням и общему освещению оно выглядит как живое. От чистого золота и бриллиантов исходит светлое и прозрачное свечение в голубоватых тонах. Однако стены непрозрачны, и все это выглядит как скульптура и единое целое без каких-либо соединений. И стены, и окружающие цвета источают благоухание, что дополняет ощущение счастья и радости, которые невозможно описать словами. Цветы всех размеров составляют восхитительную композицию форм и ароматов.

Ну и какова же конкретная причина того, что Бог обеспечил его обитателю все это великолепие усадьбы и величие прекрасных хором? Дело в том, что Бог никогда не упускает из виду и не забывает ничего из того, что Его чада совершили на земле ради Его царства, праведности, и награждает за эти дела до избытка.

Я радуюсь снова и снова
О Моем возлюбленном чаде.
Это дитя любило Меня так сильно,
Что все свое отдало Мне.
Это дитя любило Меня больше
Чем родителей и братьев,
Собственным детям оно уделяло внимания меньше
И даже жизни своей не ценило,
Ради Меня отрекшись всего.

Его глаза всегда были устремлены на Меня,
Он полностью слушался Моего Слова
И искал Моей славы.
Он был только благодарен,
Даже в незаслуженных страданиях,
Даже среди гонений
В любви он молился за
Тех, кто ругался ему.
Он никогда не отворачивался,
Даже от тех, кто его предавал.
Он исполнял свой долг с радостью

Даже в годину невыносимой печали
И он спас многие души,
И полностью исполнил Мою волю,
Неся в себе Мое сердце.

И поскольку он исполнил Мою волю
И возлюбил меня так много,
Я приготовил для него
Эту величественную и великолепную обитель
В Новом Иерусалиме.

Восхитительный дворец в вашем полном распоряжении

Как мы видим, Бог особенно прикладывает руки к возведению обителей для любящих Его великой любовью. Эти жилища имеют такую степень красоты и света славы, которая отличает их от других зданий даже в самом Новом Иерусалиме.

Большой дворец в центре - это место, где обладатель может полностью уединиться, поскольку оно находится в его полном распоряжении. Это вознаграждение за труды и молитвы в слезах для достижения Божьего царства, за то, что в денной и нощной заботе о душах здесь, на земле, у подвизавшегося не было времени на личную жизнь.

А теперь войдем в большой дворец!

Особые надписи и рисунки на стенах

Стены, выполненные из чистого ясписа, покрыты декоративным рисунком со звучащими надписями и изображениями. Со всеми подробностями воссоздаются сцены преследований и насмешек, которые пришлось претерпеть за Царствие Божие, и во всех деталях дела, прославившие Господа. Что еще удивительнее, Сам Бог выгравировал эти писания в форме поэмы, и каждая буква светится прекрасным и ярким цветом. Дворец имеет двенадцать ворот и войти в него можно со всех четырех сторон. Каждые ворота со своим секретом. Есть ключи веры, любви, благовестия и так далее, и к каждому замку нужен соответствующий ключ.

Когда входишь во дворец через одни из этих ворот, всякий раз видишь какие-то предметы, более прекрасные, чем то, что ты видел снаружи. Свет от драгоценных камней превышает виденное ранее сияние в два или три раза, и все оказывается еще великолепнее.

Надписи о земных слезах, старании и усилиях владельца вырезаны и на внутренних стенах и светятся ярким цветом. Времена бессонных ночей искренней молитвы о Царствии Божием и чистейшее благоухание принесения себя в жертву возлияния за души слагаются в поэму и излучают дивный свет.

Однако Бог Отец сокрыл большинство деталей этих надписей с тем, чтобы Сам Бог мог показать их хозяину, когда тот прибудет в приготовленное ему место. Бог сделал это, чтобы принять его сердце, прославляющее Отца с глубоким чувством и слезами, когда Он будет показывать эти надписи со словами: «Я приготовил это для тебя».

Собрания и пиры на первом этаже

Дворец открыт для посетителей не всегда, а только когда здесь проходят пиршества или балы. Зал вмещает огромное число приглашенных на пир. Он же используется для проведения собраний, во время которых хозяин делится любовью и радостью, беседуя с гостями.

Зал круглой формы и настолько велик, что его невозможно охватить взглядом. Полы, светлого, белесого цвета, очень ровные. Инкрустированные драгоценными камнями, они ярко блестят. Трехъярусная люстра в центре зала дополняет торжественность и величие помещения. Стены украшены прекрасными золотыми канделябрами различных размеров. Круглую сцену в середине зала окружают столы, расположенные на разных уровнях. Приглашенные, в определенном порядке, занимают свои места и дружески беседуют.

Весь внутренний декор здания исполнен в соответствии со вкусами владельца, все формы изысканны и освещение просто великолепно. Всех драгоценных камней коснулась рука Божия, и быть приглашенным на пир, устроенный хозяином такого дома, – величайшая честь.

Потайные комнаты и приемные второго этажа

На втором этаже дворца много помещений с секретом, полностью раскрывающимся только на Небесах. Ими Бог воздает за земные дела хозяина дома. В одной из комнат находятся многочисленные венцы разного вида – некое подобие музея. Венцы разные - золотой и украшенный золотом, кристальный и жемчужный, украшенный цветочным орнаментом и другие, в убранстве разнообразных драгоценных камней, – все аккуратно хранятся и легко доступны для обзора. Эти венцы – награды за земные дела. Всякий раз, когда дело подвизавшегося Божьего царства совершалось на земле и Бог прославлялся в них, появлялась здесь и награда. У каждого венца своя честь, поэтому они выполнены из разных материалов и украшены по-разному. На этом же этаже расположены многочисленные обширные помещения – гардеробные, за которыми особо тщательно следят и ухаживают ангелы. Они служат для хранения облачений и драгоценных украшений.

Здесь же аккуратное квадратное помещение без особых украшений - "Комната Молитвы". Она устроена здесь, поскольку на земле хозяин дворца вознес множество молитв. А вот комната, в которой несколько телевизионных приемников. Она называется «Комнатой Страдания и Скорби». Здесь хозяин, когда захочет, может посмотреть все, что относится к его земной жизни. Бог зафиксировал и сохранил все моменты и события жизни обитателя дворца, поскольку он чрезвычайно страдал, исполняя Божие дело и служение, и пролил немало слез о душах.

Прекрасно украшенное помещение для приема пророков также расположено на втором этаже. Здесь хозяин может разделить любовь и вести с ними дружеские беседы. Он может встретиться с такими людьми, как Илия, вознесшимся на Небо на колеснице огненной с огненными конями; с Енохом, который ходил перед Богом 300 лет; с Авраамом, который угодил Богу верой; Моисеем, кротчайшим из всех людей на земле; страстнейшим из апостолов Павлом, и другими и насладиться беседами с ними о событиях и обстоятельствах их жизни на земле.

Третий этаж выделен для того, чтобы разделять любовь с Господом

Третий этаж чудесно украшен, чтобы встречать здесь Господа и вести с Ним сколь можно долгие и частые дружеские беседы. Этот этаж – награда хозяину за то, что он больше всех других любил Господа и пытался уподобиться Его делам, читая четыре Евангелия, служа и любя всех подобно тому, как Господь служил Своим ученикам. Более того, со многими слезами он молился, дабы привести многих и многих на путь спасения, получив - как Господь получил - силу от Бога и явив неисчислимые свидетельства Живого Бога. Слезы его проливались всякий раз, когда он думал о Господе, и многие ночи напролет он проводил без сна, искренне скучая о Господе. Как Господь молился всю ночь, так и хозяин многократно молился целыми ночами и изо всех сил подвизался за Царствие Божие.

Какое же это счастье и радость, встретить Господа лицом к лицу и разделить с Ним Его любовь в Новом Иерусалиме!

Я могу узреть моего Господа!
Свет глаз Его

Прямо в мои глаза,
Могу вложить Его кроткую улыбку к себе в сердце.
Как велика для меня эта радость!

Господь мой,
Я так люблю Тебя!
Ты все видел
И Ты все знаешь.
Как же я рад, что теперь могу
Исповедовать мою любовь.
Я люблю Тебя, Господи.
Я так скучал о Тебе.

Никогда не наскучат и не будут утомительными беседы с Господом.

Бог Отец дал обрести эту любовь, создал внутреннее убранство всего третьего этажа этого восхитительного дворца, богато и восхитительно украсив его драгоценнейшими камнями. Великолепие и совершенство не поддаются описанию, а свет и сияния просто особые. Глядя на окружающие здания небесных обителей, можно прочувствовать справедливость и нежную любовь Бога, воздающего каждому по его делам.

Обзор Небесных достопримечательностей

Что еще мы видим вокруг дворца? Если я попытаюсь описать эту, подобную городу, небесную обитель в деталях, то и целой книги не хватит. Вокруг дворца огромный сад и множество прекрасно украшенных строений, создающих гармоничную композицию. Такие удобства, как плавательный бассейн, парк аттракционов, коттеджи, оперный театр, делают место, похожим на грандиозный центр туризма и отдыха.

Бог дает каждому все по его делам

Почему этому небесному жителю досталось всего так много? И такие хоромы, и все эти удобства? Потому что на земле он посвятил все свое тело, разум, время и средства Богу. Бог воздает за все, что он делал для Царства Божия, включая то, что он вел бесчисленные души на путь спасения и построения церкви Божией. Бог более чем способен дать нам не только то, о чем мы просим, но и то, чего желаем сердцем. Мы видим, что Бог может замыслить более совершенное и прекрасное, чем любой земной архитектор или градостроитель, и создать одновременно единство и разнообразие.

На земле, если денег хватит, в большинстве случаев можно себе позволить обладать тем, чего захочется. А на Небесах не так. Обитель, в которой мы пребываем, облачения, драгоценности, венцы или даже ангелы, находящиеся у нас в услужении, - все дается только по мере личной веры и верности Царству Божию. Ничего ни купить, ни взять напрокат, ни нанять нельзя.

В Послании к Евреям 8:5 читаем: *«...которые служат образу и тени небесного, как сказано было Моисею, когда он приступал к совершению скинии».* Этот мир – тень небесного, и большинство животных, растений и всего, что мы наблюдаем в природе, есть и на Небесах. Только все значительно прекраснее, чем на земле.

Прогуляемся по саду, полному цветов и прекрасных растений.

Сады цветов и места поклонения

Цветы и деревья заполняют обширный внутренний двор и служат прекрасным окружением дворца. По обе стороны от дворца располагаются большие места поклонения, где периодически собираются участники прославления, дабы воздать хвалу Богу. В этом невообразимо огромном небесном доме, напоминающем знаменитые центры туризма и отдыха, предусмотрены различные удобства для посетителей, включая места поклонения, где прибывающие могут отдохнуть, поскольку осмотр дворца занимает много времени.

Небесное поклонение абсолютно отлично от того, к чему мы привыкли на земле. Здесь поклонение не связано никакими формальностями и можно прославлять Бога новыми гимнами. Когда воспеваешь славу Отца и любовь Господа – подкрепляешься и освежаешься, получая полноту Святого Духа. Есть здесь и место, которое напоминает Оперный театр в Сиднее, и дано владельцу дворца за то, что он возглавлял миссию распространения христианской культуры и привел ко спасению многие души.

Концертный зал, подобный Оперному театру в Сиднее

Это здание стоит на берегу озера и будто плывет

по водам реки. Прямо из озера бьет фонтан, больше похожий на великолепный фейерверк, так как водяные брызги блистают подобно драгоценным каменьям, рассыпающимся по поверхности озера. Минуя озеро, входим в зал и видим великолепную сцену, украшенную разнообразием драгоценных камней, прекрасные места для сидения ожидают гостей. На сцене выступают небольшие группы ангелов в особых костюмах. Ангелы, участвующие в представлении, одеты в костюмы с прозрачными, как у стрекоз, крыльями, все сценические движения безупречны и восхитительны. Другие ангелы поют и играют на музыкальных инструментах. Все исполнители – виртуозы и корифеи своего жанра.

Однако, сколь бы безупречно не было ангельское исполнение, их аромат принципиально отличается от благоухания танцев и пения детей Божиих. Бог воспринимает благоухание Своих чад с гораздо большим удовольствием, поскольку они Его дети, осознавшие Его любовь и принявшие освящение, возрастая в нем на путях своего земного странствования.

Облачный мост всех цветов радуги

Река воды жизни, блистающая серебристым светом, протекает по территории усадьбы, огибая дворец с обеих сторон. Ее исток находится у Престола Божия. Река огибает дворцы Господа и Святого Духа, минует Новый Иерусалим, Третье, Второе, Первое небесные царства, Рай и возвращается к Престолу Божию.

Сидя на золотом и серебряном песке по берегам реки воды жизни, можно поболтать с прекрасными разноцветными рыбами. По берегам реки растут дерева жизни, здесь и там под ними уютные золотые скамьи. Сидя на золотой скамейке и глядя на аппетитные плоды, так и думаешь: «До чего ж вкусно выглядят!». Только подумаешь, а служебные ангелы уже несут тебе плод в цветочной корзиночке и вежливо тебя обслуживают.

А еще через реку воды жизни переброшены прекрасные облачные мосты. Когда проходишь по арке облачного моста, играющего всеми цветами радуги, и смотришь на медленно текущую внизу реку, возникает чудесное ощущение небесного полета или такое чувство, будто идешь по воде.

Мы перейдем по мосту через реку и попадем на внешний двор. Здесь золотые лужайки, разнообразные цветы, но ощущение несколько отличается от того, что было во внутреннем дворе.

Парк развлечений и цветочная дорога

Мы перешли через облачный мост и оказались в парке развлечений. Никакой Диснейленд не сравнится с этим парком отдыха. Никакой самый лучший развлекательный центр на этой земле не может предложить таких аттракционов и развлечений, как этот. Здесь такое, чего вы не видали, никогда не слыхали и даже представить себе не можете. Хрустальные поезда движутся по парку, золотой с бриллиантами пиратский корабль плавает в таинственном заливе, в веселом ритме кружат карусели, на американских, или, если хотите, русских горках мчатся изумленные посетители. Всякий раз, когда аттракционы, украшенные драгоценными камнями, начинают движение, они излучают свет разной силы, поэтому, просто находясь здесь, чувствуешь, как тебя захлестывает ощущение праздника.

По одной стороне внешнего двора протянулась бесконечная цветочная дорога. Вся дорога устлана цветами и идешь прямо по цветам, как по ковру. Небесное тело настолько легкое, что вес не чувствуется и цветы под ногами не мнутся, даже когда на них наступаешь. Когда идешь по этой широкой цветочной дороге и вдыхаешь нежный аромат расстилающегося перед тобой цветочного ковра, цветы то застенчиво складывают свои лепестки, то широко раскрываются, и как будто волна расходится из под твоих ног. Это особое приветствие и радушный прием. В сказках у цветов есть лица и с ними можно разговаривать, на Небесах это именно так.

Настроение повышается, когда идешь по цветам, наслаждаешься их благоуханием, а цветы при этом довольны и благодарят тебя за то, что ты по ним ходишь. Когда мягко наступаешь на них, они еще более благоухают. У каждого цветка свой аромат. и они каждый раз сочетаются особым образом, поэтому, когда идешь по дороге, ощущение всегда новое и неповторимое. Цветочные дороги расходятся по всей территории усадьбы, создавая прекрасное живописное полотно и добавляя великолепия небесному дому. И это все принадлежит одному человеку – огромное и кажущееся бесконечным имение со всем мыслимым и немыслимым, что там находится.

Животные мирно играют на обширной равнине

За цветочной дорогой расстилается широкая долина. Разнообразные животные, которых мы могли видеть на земле, находятся и здесь. Конечно, в других местах можно увидеть и других животных, но здесь почти все виды представлены, за исключением восставших против Бога, например, драконов. Пейзаж, открывающийся перед вашим взором, напоминает саванну в Африке. Животные свободно резвятся, но не разбегаются из определенного для них места, хотя никаких оград и загонов здесь нет. Они крупнее земных животных, их раскраска ярче. Закон джунглей здесь не действует.

Все животные – кроткие; даже львы, которых называют царями зверей, вовсе не агрессивные, а очень даже спокойные, и их золотые гривы просто восхитительны. А еще, на Небесах с животными можно свободно разговаривать. Только представьте себе: путешествуешь по роскошной широкой долине верхом на льве или на слоне и наслаждаешься величием природы. И это не сказка какая-то, а честь, оказанная спасенным и обретшим Небеса.

Личный коттедж и золотое кресло для отдыха

Поскольку все имение небесного обитателя напоминает грандиозный центр отдыха и развлечений для многих, Бог дал хозяину еще и отдельный коттедж, исключительно для личного пользования. Коттедж расположен на небольшом холме, откуда открывается потрясающий вид, и великолепно декорирован. Никто не имеет права входить в этот домик, потому что он для личного пользования. Здесь хозяин может отдохнуть наедине или пригласить сюда для личной встречи пророков, таких, как Илия, Енох, Авраам и Моисей.

Есть и еще один, полностью прозрачный, коттедж, выполненный в отличие от других зданий из хрусталя. Правда снаружи не видно того, что расположено внутри, а на входе табличка: «Посторонним вход воспрещен». На крыше хрустального коттеджа поместилось вращающееся золотое кресло. Хозяин дома садится и может обозреть все свое имение сразу, вне времени и пространства. Бог сделал это кресло для него специально, чтобы хозяин мог порадоваться, видя, как много гостей пришло навестить его, посмотреть дом или просто отдохнуть.

Холм воспоминаний и раздумий

Вдоль дороги раздумий растут деревья жизни, и она настолько тихая, что кажется, будто время остановилось. Хозяин вспоминает о чем-то земном и, с каждым шагом по этой дороге, мир поднимается из глубин его сердца. Если он думает о солнце, луне и звездах, над его головой образуется нечто, напоминающее экран, и солнце, и луна, и звезды показываются на нем. На Небесах свет солнца, луны или звезд не нужен, потому что все окружает свет славы Божией, но этот экран отдельно предоставлен хозяину, чтобы напоминать ему о том, как это было на земле.

Есть здесь место, называемое холмом воспоминаний. Это довольно большой поселок, где хозяин может воссоздать свою жизнь на земле, и здесь собраны некоторые воспоминания о ней. Вот дом, где он родился, вот школы, в которых учился, и города, где жил и перенес испытания, вот здесь он впервые встретился с Богом, а вот святилища, которые построил, став служителем. Все расположено в хронологическом порядке.

Материалы очевидно отличаются от тех, что используются на земле, но все земное воспроизведено с абсолютной точностью, чтобы хозяева вполне живо могли ощутить памятные для них события и предметы. Дивна и столь нежна и деликатна любовь Бога!

Водопады и море с островами

Если продолжить путь по дороге раздумий, можно услышать приближающийся громкий и чистый звук. Это шум многоцветного водопада. Водопад поднимает облако брызг, великолепные бриллианты в основании водопада сияют многоцветьем огней. Завораживает вид величественного потока вод, ниспадающих тремя ступенями с вершины холма в реку воды жизни. Драгоценные камни, светящиеся двумя и тремя цветами по сторонам водопада в сочетании с брызгами воды производят изумительное сияние. При одном взгляде на эту красоту чувствуешь прилив бодрости и наполняешься энергией.

На вершине холма, откуда открываются потрясающие виды, расположен павильон с видом на водопад. Здесь можно посидеть и отдохнуть. Весь небесный дом виден отсюда. Зрелище настолько великолепно и величественно, что его невозможно достойно описать земными словами.

Вдали, за дворцом, видны море, большие и маленькие острова. Чистейшая морская вода блестит, будто по ее поверхности рассыпаны мириады сияющих бриллиантов. Вода прозрачна, и чудно видеть рыб, плавающих в воде между зелеными нефритовыми домиками, построенными на дне моря. Здесь, на земле, и самые богатые не могут себе позволить подводного домика.

Как бы там ни было, Небеса - это четырехмерное пространство, в котором возможно все, и здесь не счесть того, что не поддается ни пониманию, ни даже воображению.

Лайнер размеров *«Титаника»* и хрустальная лодка

На островах - девственные цветы, порхают и поют птицы, а ценные камни дополняют великолепие пейзажа. Здесь проводятся соревнования по гребле и серфингу, которые привлекают многих небесных обитателей. Океанский лайнер, подобный *«Титанику»*, на борту которого все что душе угодно - плавательные бассейны, театры, банкетные залы, - величественно скользит по мягким волнам моря. Если находишься на борту прозрачного судна, полностью выполненного из хрусталя, чувствуешь себя так, будто идешь по воде. Подводная лодка в форме мяча для регби к услугам тех, кто желает насладиться красотами подводного мира.

Какое же счастье хоть один день провести в этом прекрасном месте, побывать на лайнере, похожем на *«Титаник»*, покататься на хрустальной лодке или погрузиться в удивительной подводной лодке в чистейшие воды моря. Однако Небеса – место вечного пребывания, и можно вечно наслаждаться всем этим, если вы достойны войти в Новый Иерусалим.

Множество условий для занятий спортом и отдыха

В распоряжении обитателей все условия для занятий спортом и отдыха: поля для гольфа, боулинг, плавательные бассейны, теннисные корты, волейбольные площадки, баскетбольные залы и т.д. Они даны в награду владельцу, поскольку на земле он и рад бы был заняться этими видами спорта, но не мог, так как от всего отказался ради Царствия Божия и все свое время посвятил только Ему.

На аллее для боулинга, а она выполнена из золота и драгоценных камней, и шары и кегли тоже золотые и бриллиантовые. Играют группами по три – пять человек и приятно проводят время, подбадривая друг друга. Шары не кажутся тяжелыми, как здесь, на земле, поэтому очень ровно и сильно катятся даже при легком броске. Когда шар ударяет кегли, раздается дивный звук и вспыхивают яркие огни.

Поле для гольфа – золотая лужайка, которая сама слегка опускается при игре, помогая мячу свободно катиться по полю. Когда поля с лунками одно за другим опускаются, как костяшки домино, это похоже на золотую волну. В Новом Иерусалиме даже лужайки подчиняются сердцу их хозяина. После прохода лунки, облачко опускается к ногам и переносит своего хозяина к другому полю. Дивно все это!

Масса удовольствий ожидает посетителей

бассейна. На Небесах утонуть нельзя, поэтому даже те, кто на земле плавать не умел, плавают здесь в свое удовольствие. Мало того, вода здесь не пропитывает одежду, а скатывается с нее, как роса с листьев. Поэтому насладиться купанием можно в любое время, даже не снимая одежды.

Озера всех размеров и фонтаны в садах

В небесном имении тут и там разбросаны большие и малые озера. Когда разноцветные рыбы в озерах двигают плавниками и ведут хороводы, будто танцуя для удовольствия детей Божиих, это выглядит так, будто они вслух исповедуют свою любовь. Есть рыбы, меняющие раскраску: их серебряные плавники вдруг становятся радужными, перламутровыми.

Бесчисленные сады имеют названия, соответствующие красоте и неповторимости каждого. Передать словами все это великолепие невозможно, поскольку Бог коснулся буквально каждого листочка в этих садах.

Фонтаны во всех садах разные, соответственно назначению каждого. В целом, большинство фонтанов выбрасывают в воздух воду, но есть такие, где водное шоу сопровождается цветовым представлением и феерией благоуханий. Ароматы, новые и прекрасные, неведомые здесь на земле, такие, как благоухание долготерпения, издаваемое жемчужиной, сердоликовый аромат старания и страстных усилий, благоухание самопожертвования или преданности, и многие другие. В центре каждого бьющего вверх фонтана помещается надпись или изображение, поясняющие значение фонтана и почему данный фонтан был создан.

В этой небесной усадьбе есть и множество других зданий, строений и особых мест, но, к сожалению, все их описать в деталях просто невозможно. Но что важно, без причины здесь ничего не дано, все является наградой только в соответствии с тем, в какой мере хозяин на земле потрудился для Царства небесного и праведности Божией.

Велика награда ваша на Небесах

Вы уже давно поняли, что небесный дом слишком огромен, чтобы его можно было вообразить. Огромный дворец - в полном вашем распоряжении, исключительно для личного пользования - возведен в центре, его окружают постройки, здания мест развлечений, отдыха, прекрасные сады - все, что делает его похожим на популярный туристический центр или небесный курорт. Вам, вероятно, не преодолеть удивления, поскольку это имение невообразимых размеров Бог приготовил только для одного, взросщенного здесь, на земле, человека.

Какова же причина того, что Бог приготовил одному такой огромный небесный дом, размером с целый город? Откроем Матфея 5:11-12:

> « Блаженны вы, когда будут поносить вас и гнать и всячески неправедно злословить за Меня. Радуйтесь и веселитесь, ибо велика ваша награда на небесах: так гнали и пророков, бывших прежде вас».

Как много пострадал для достижения Божьего царства апостол Павел? Он претерпел несказанные скорби и гонения, чтобы проповедовать язычникам Спасителя Иисуса. Во 2-м послании к Коринфянам 11:23 и далее мы видим, сколько сил он положил в трудах для Царствия Божия. Проповедуя Евангелие, он многократно был в темницах, побиваем или под угрозой смерти.

Однако Павел никогда не жаловался и не высказывал недовольства, напротив, радовался и был доволен, как заповедало ему Слово Божие. В конце концов посредством Павла дверь всемирной миссии для язычников была открыта. Поэтому, естественно, он вошел в Новый Иерусалим и обрел воссиявшую как солнце честь в Новом Иерусалиме.

Бог очень любит тех, кто неутомимо трудится и верен настолько, что готов пожертвовать своей жизнью. Он благословляет и обильно вознаграждает их многим на Небесах.

Пребывание в Граде Нового Иерусалима не зарезервировано для каких-то конкретных личностей, но любой, кто пожертвует своим сердцем, чтобы уподобить его сердцу Самого Бога, и ревниво исполнит свой долг, может войти в него и найти здесь свою обитель.

Я молюсь во имя Господа Иисуса Христа, чтобы вы посредством пламенной молитвы и через Слово Божие могли уподобиться сердцу Божию, дабы, полностью выполнив свой долг, вы возмогли войти в Новый Иерусалим и со слезами на глазах исповедовать перед Ним: «Я так благодарен за великую любовь Отца».

Глава 9

Первое пиршество в Новом Иерусалиме

Итак, кто нарушит одну из заповедей сих
малейших и научит так людей,
тот малейшим наречется в Царстве Небесном;
а кто сотворит и научит,
тот великим наречется в Царстве Небесном.

- Матфея 5:19

Из неисчислимых жителей земли, нынешних и бывших, только кристально чистые и прекрасные сердцем вечно обитают у Престола Божия в Новом Иерусалиме. Жизнь с Триединым Богом в Новом Иерусалиме полна невообразимой любви, чувств, счастья и радости. Пребывающие здесь наслаждаются бесконечным счастьем, посещая богослужения и пиршества, ведя друг с другом полные любви беседы.

Если вы побываете на пиршестве, которое устраивает в Новом Иерусалиме Сам Бог Отец, то сможете увидеть представление и разделить любовь с огромным числом гостей из разных мест обитания на Небесах.

Бог Троица, в долготерпении закончив взращивание человечества, радуется и чувствует глубокое удовлетворение, глядя на Своих возлюбленных чад.

Бог любви подробно в откровении показал мне жизнь в Новом Иерусалиме, переполненную душевным волнением и чувствами превыше человеческого понимания. Сердце мое исполнено надеждой Нового Иерусалима, именно на этом основании мне и было дано одолеть зло добротой и любить врагов даже тогда, когда я беспричинно страдал.

Давайте разберемся в том, какое это блаженство «уподобиться сердцу Бога», кристально чистому и прекрасному, а для этого побываем, например, на первом пиршестве, которое состоится в Новом Иерусалиме.

Надеюсь, вы сможете ощутить глубокое чувство и счастье, услышав о том, как будет проходить первое пиршество во Граде Нового Иерусалима.

Первое пиршество в Новом Иерусалиме

Как и на земле, на Небесах проводятся торжественные пиршества, поэтому радость небесной жизни будет нам вполне понятна. Это так, потому что с первого взгляда заметны блистающие небесным богатством и красотой места для почетных гостей, эти места мы и можем занять. Так же, как на земле во время большого президентского приема, на посетителях самые изысканные украшения, они прекрасно одеты в самое лучшее, пьют и едят самое лучшее. Так же, как здесь, небесное пиршество сопровождается прекрасными танцами и пением, создающими атмосферу счастья.

Прекрасный звук хвалы из банкетного зала

Зал торжеств Нового Иерусалима огромен и величествен. Входим через распахнутые двери, зал невозможно охватить взором от края и до края, прекрасные звуки небесной музыки усиливают и без того глубокое душевное волнение, которое мы уже ощущаем.

Дивный свет сей
Предвечный,
Он сияет везде.
Сей есть подлинный свет,
Он родил Своих сынов
И сотворил ангелов.

Слава Его высока
И восхитительна
Превыше небес и земли.
Великолепна Его благодать,
Которую Он Один распростер.
Он протянул Свое сердце
И сотворил мир.
Восхвалим Его великую любовь ничтожными устами своими:
Слава Господу!
Принимающему хвалу и радующемуся.
Вознесем Его Святое имя
И воздадим вечную хвалу.
Его дивный свет
Достоин восхваления.

Чистые, изысканные звуки музыки тают и сливаются в одном волнующем духе, несущем в сердца чувство умиротворения, какое бывает только у младенца на груди матери.

Величественные двери главного входа в Зал торжеств, цвета белого жемчуга, украшены небесными цветами разных форм и оттенков и покрыты великолепной резьбой. Видно, что в любом уголке Града Нового Иерусалима, с чуткой любовью к Своим детям, Бог Отец тщательно продумал любую, даже малую деталь, доведя ее до совершенства.

Минуя врата цвета белого жемчуга

Первыми в Зал торжеств входят обитатели Нового Иерусалима. Они возглавляют бесконечную процессию прибывающих на небесный прием через прекрасный главный вход. На них золотые венцы, сияющие великолепным мягким светом. Их венцы выше тех, что венчают обитателей других небесных мест. На присутствующих белые цельнокроеные одежды, сияющие ярким, бриллиантовым светом. Мягкая и легкая как шелк материя одеяний колеблется и струится при ходьбе.

Одежды украшены золотом и драгоценными камнями, по вороту и рукавам -- сияющая бриллиантовая вышивка, рисунок и богатство которой зависят от личной награды каждого. Красота и честь жителей Нового Иерусалима иная, что значительно выделяет их из основной массы присутствующих обитателей других небесных мест.

В отличие от жителей Нового Иерусалима, обитатели

других небесных мест входят на небесный пир в порядке очереди. Обитающим в Третьем, Втором, Первом царствах небесных и тем, чья обитель в Раю, надлежит сменить одежды и облачиться в особые одеяния для Нового Иерусалима. Свет небесных тел различен и соответствует месту небесного обитания, поэтому на время посещения места более высокого уровня надо облачиться в более уместные одежды.

Поэтому имеется особое место, где происходит смена одеяния. Ангелы помогают гостям облачиться в одежды, приличные для Нового Иерусалима. Обитателям Рая, которых немного среди приглашенных, приходится переодеваться самостоятельно, без помощи ангелов. Они меняют свое платье на одежды Нового Иерусалима - слава этих одеяний поражает и глубоко трогает. Они в смущении, поскольку одевают на себя то, что на самом деле носить не имеют права, так как недостойны этого.

Чтобы попасть в Зал торжеств, обитающим в Третьем, Втором, Первом царствах небесных и пребывающим в Раю надлежит сменить одежды и показать ангелам приглашение при входе в зал.

Великий и сияющий Зал торжеств

Когда ангелы вводят вас в Зал торжеств, поражает блеск света, великолепие и величие зала. Полы блистают цветом безупречного и беспорочного белого жемчуга; по сторонам зала - величественные круглые колонны, чистые и прозрачные, как стекло; внутреннее убранство из драгоценных камней - неповторимой красоты. С колонн свисают букеты цветов, создавая настроение и соответствуя уровню происходящего торжества.

Будете довольны и расчувствуетесь, если вас пригласят на бал в зале из белого мрамора и ярко сияющего хрусталя. Но этот банкетный зал из небесных драгоценных камней несравненно прекрасней! Счастье захлестнет и чувства переполнят!

Перед Залом торжеств Нового Иерусалима расположены два возвышения. Ощущение торжественности такое, будто вы перенеслись на многие века назад и присутствуете при коронации древнего императора. В центре верхнего подножия расположен Великий Престол, цвета белого жемчуга, для Бога Отца. По правую руку от него - Престол Господа, слева -- Престол для почетного гостя первого пиршества. Высокие и великолепные престолы окружает блистательное сияние света. На нижнем престоле места для пророков расположены по небесному рангу к величеству Бога Отца.

Зал торжественных приемов настолько велик, что вмещает бесчисленное множество приглашенных небожителей. С одной стороны Зала торжеств располагается небесный оркестр, которым дирижирует архангел. Оркестр исполняет небесную музыку, дополняя радость и счастье, как во время пира, так и до его начала.

Ангелы рассаживают гостей

Ангелы сопровождают вошедших на пир к заранее определенным для них местам. Первые места - обитателям Нового Иерусалима, затем по порядку:

сначала обитатели Третьего Царства, затем Второго Царства, за ними – Первого Царства и Рая.

Приглашенные из Третьего Царства также увенчаны, но их венцы абсолютно не такие, как у жителей Нового Иерусалима. Представители Второго и Первого царств имеют круглый знак на левой стороне груди, поэтому их сразу можно отличить от жителей Третьего Царства или Нового Иерусалима. Прибывшие из Второго и Первого царств тоже имеют венцы, а у жителей Рая венцов нет.

Приглашенные в Новый Иерусалим на пир занимают свои места, с трепетом, волнуясь и поправляя на себе одежды, – ну, вы понимаете! - ожидают прибытия Бога Отца, хозяина пира. При трубном звуке, знаменующем вход Отца, все присутствующие встают, встречая своего хозяина. В это время те, кто не получил приглашения на пир, могут соучаствовать в событии благодаря синхронной трансляции происходящего через систему, установленную во всех местах небесного обитания.

Отец входит в зал при трубном звуке

При трубном звуке первым в дверях появляется многочисленный эскорт Бога Отца, состоящий из архангелов. За ним следуют Его возлюбленные праотцы веры. Теперь все и вся готовы к встрече с Богом Отцом. Взоры всех направлены к отверстым вратам. Все замерли в ожидании и жаждут увидеть Отца и Господа.

Наконец, в сиянии яркого и славного света входит Отец. Его облик величествен и полон достоинства, но в то же время Он так кроток и свят. Его мягко развевающиеся волосы сияют золотом, свет, исходящий от Его лица и всей фигуры, настолько ярок, что присутствующие невольно прищуривают глаза.

Когда Бог Отец восходит на престол, небесный распорядитель, ангелы, пророки, ожидавшие на предназначенном им возвышении, и все присутствующие на приеме склоняют головы в поклонении Ему. Велика честь для твари лично видеть Бога Отца, Творца и Властителя всего сотворенного. Невообразимо радостный и волнующий момент! Однако не все гости могут видеть Его. Прибывшие из Рая, обитатели Первого и Второго царств не в силах поднять лица из-за ослепительного света. У них текут слезы радости и чувства благодарности за то, что они удостоились присутствовать на этом приеме.

Господь представляет почетного гостя

Господь входит в сопровождении прекрасного и изысканного архангела после того, как Бог Отец восседает на престоле. На Нем высокая и великолепная корона и светящееся белое длинное одеяние. Он выглядит величественно и полон великолепия. Сначала Господь вежливо кланяется Богу Отцу, принимает поклонение ангелов, пророков и всех присутствующих и улыбается в ответ. Сидя на престоле, Бог Отец с удовлетворением взирает на всех присутствующих на банкете.

Господь поднимается на возвышение и представляет почетного гостя первого пиршества. Он подробно рассказывает о его служении, которое помогло завершить процесс человеческого взращивания. Некоторые из присутствующих интересуются, о ком Он говорит, а те, кто уже знают о нем, внимают Господу в ожидании объявления имени почетного гостя.

Наконец Господь заканчивает Свой рассказ, объясняя, как сильно этот человек возлюбил Бога Отца, как много постарался ко спасению многих душ и насколько полно совершил волю Божию. Бог Отец, возрадовавшись, поднимается, чтобы приветствовать почетного гостя первого пиршества. Он, как отец, с радостью встречающий вернувшегося с успешного дела сына, как царь, встречающий полководца-триумфатора. Зал торжеств наполняется ожиданием и волнением, вновь звучат фанфары и, ослепительно сияя, в зал входит почетный гость.

На нем высокий и великолепный венец и длинная белая одежда, как у Господа. Он тоже выглядит величественно, но присутствующие чувствуют его кротость и милосердие и лицо его напоминает черты Бога Отца.

Представляю вам Моего дорогого сына

Когда почетный гость первого пира входит в зал, гости встают и по залу прокатывается волна поднятых в приветствии рук. Присутствующие ликуют и обнимаются со стоящими рядом. Совсем как во время финального матча чемпионата мира, когда мяч, минуя вратаря, оказывается в воротах и приносит победу. Все болельщики победившей команды, присутствующие на стадионе и наблюдающие за игрой дома, ликуют, радуются, обнимаются, ну вы представляете... Похожим образом Зал торжеств Нового Иерусалима взрывается восклицаниями радости.

Тот, кого представил Господь, сначала подходит к Отцу и с уважением приветствует Его. Бог Отец Сам обнимает его, затем его обнимает Господь.

Бог Отец возглашает: «Представляю вам Моего дорогого сына» -- и еще раз представляет почетного гостя первого пира. В этот момент не только присутствующие в Зале торжеств, но и все наблюдающие за происходящим на экранах склоняют головы, чтобы поклониться ему.

Бог Отец опять восседает на престол, Господь и почетный гость садятся на свои престолы. Все взоры опять устремлены на него. Глядя на него в полном довольстве сердца, Бог Отец обращается к нему:

Сын Мой!
Я очень доволен и так счастлив,
что ты вернулся ко Мне,
совершив поприще,
которое Я тебе поручил.
Теперь же пребудь здесь
и будь со Мной вечно.

Я очень рад! Начнем радостный пир!

Взирая на зал, наполненный Его детьми, Бог Отец говорит: «Я очень рад и доволен. Начнем радостный пир». Немедленно раздается небесная музыка и начинается представление прекрасных ангелов, танцующих и поющих на сцене. И музыканты, и танцоры великолепно исполняют свои небесные партии. Иногда они образуют круги, или другие фигуры, или мягко подпрыгивают под небесный аккомпанемент. Танцы изящны, музыка мягкая и одновременно милая и радостная.

Даже на земле люди благоговеют перед красотой представлений в Карнеги Холле в Нью-Йорке или в Сиднейском оперном театре. Можете себе представить, насколько прекраснее и проникновеннее будут представления, специально подготовленные для торжеств, устраиваемых Богом?

Ангелы обслуживают гостей первого пира в Новом Иерусалиме. Присутствующие сидят за столами со своими братьями и сестрами в вере. Они вместе трудились на этой земле и теперь ведут приятную беседу, наслаждаются напитками, приветствуют праотцев веры, с которыми так желали встретиться. Представления прерываются, чтобы уступить место тем, кто трудился на земле вместе с почетным гостем и теперь от глубины чувств возносит хвалу или танцует.

Это сюрприз, который приготовил Бог Отец. Все – Господь, почетный гость, все присутствующие на пиршестве - в восторге. Бог Любви вознаграждает нас невыразимой честью и славой за то малое, что мы совершили на земле, а Небеса, которые приготовил для нас Сам Бог, восхитительны и полны славы.

Пророки – первые лица на Небесах

Что же конкретно нужно сделать, чтобы стать обитателем Нового Иерусалима и оказаться на первом пиршестве? Нужно не только принять Иисуса Христа и получить дар Духа Святого, но и принести девять плодов Духа Святого, уподобиться сердцу Бога, чистому и прекрасному, как кристалл. Положение каждого на Небесах определяет мера его освященности и уподобления сердцу Божию.

Таким образом, даже пророки входят на первый пир в Новом Иерусалиме в определенном порядке. Бог Отец входит в зал и занимает Свой Престол, чем выше пророки или другие праотцы веры, тем ближе к Его престолу занимают они свои места. Так же и мы, поскольку небесное устройство имеет свою иерархию, знаем, что чем более уподобляемся сердцу Бога, тем ближе к Его престолу сможем занять место.

Теперь поговорим о сердце, чистом и прекрасном, как кристалл, подобном сердцу Божию, и о том, как нам полностью уподобиться ему через житие пророков, ставших первыми лицами на Небесах.

Илия был вознесен, не увидев смерти

Из всех, когда-либо живших на земле, наивысшего небесного положения достиг Илия. Библия показывает нам, что все стороны жизни Илии свидетельствовали о Живом Боге, единственном и истинном Боге. Он был пророком во времена царя Ахава в северном царстве Израиля, где процветало идолопоклонство. Он противостал 450 пророкам, поклонявшимся идолам, и низвел огонь с небес. Илия также вызвал дождь после 3-х с половиной лет засухи.

«Илия был человек, подобный нам, и молитвою

> *помолился, чтобы не было дождя: и не было*
> *дождя на землю три года и шесть месяцев. И*
> *опять помолился: и небо дало дождь, и земля*
> *произрастила плод свой» (Иакова 5:17-18).*

Кроме этого, через Илию горсть муки в кадке и немного масла в кувшине не истощались до окончания голода. Он оживил мертвого сына вдовы и остановил воды Иордана. И в конце вихрь вознес его на Небо (4-я кн. Царств 2:11).

Какова же причина того, что Илия, человек, подобный нам, мог совершать дела силы Божией и даже избежать смерти? Потому что в нем, через многие испытания на протяжении всей жизни, состоялось чистое и прекрасное, как кристалл, сердце, подобное сердцу Бога. Илия полностью уповал на Бога во всех обстоятельствах и всегда был послушен Ему.

Когда Бог приказал ему, пророк пришел пред царя Ахава, который пытался его убить, и провозгласил перед толпой, что Бог есть единственно истинный Бог. Вот как и почему он получил силу Божию, являл дела Его силы, столь много и мощно прославил Бога и обрел вечную честь и славу.

Енох ходил перед Богом 300 лет

А как насчет Еноха? Как и Илия, Енох был вознесен на Небеса, не увидев смерти. Хотя Библия и не много упоминает о нем, мы все равно чувствуем, насколько он уподобился сердцу Бога:

> *«Енох жил шестьдесят пять лет и родил*
> *Мафусала. И ходил Енох пред Богом, по*
> *рождении Мафусала, триста лет и родил сынов*
> *и дочерей. Всех же дней Еноха было триста*
> *шестьдесят пять лет. И ходил Енох пред Богом;*
> *и не стало его, потому что Бог взял его» (Бытие*
> *5:21-24).*

Енох начал ходить перед Богом в возрасте 65 лет. Он был мил в глазах Божиих, потому что уподобился сердцу Божию. Бог глубоко общался и ходил с ним 300 лет, а затем взял его живым в место, близкое к Самому Богу. Здесь «ходил перед Богом» означает, что Бог пребывает с конкретным человеком во всем, и Бог был с Енохом, куда бы тот ни ходил на протяжении трех столетий своей жизни.

Если вам предстоит путешествие, с кем бы вы предпочли поехать? Путешествие будет приятным, если вы отправитесь вместе с человеком, взгляды которого разделяете и с кем мыслите одинаково. Таким же образом, понятно, что Енох в сердце был един с Богом, и поэтому мог ходить с Ним.

Поскольку Бог -- суть свет, благость и любовь, в нас не должно быть места тьме; чтобы ходить с Богом, напротив, мы должны быть переполнены благостью и любовью. Енох соблюдал себя в святости, хотя и жил в греховном мире и доносил до людей волю Божию (Иуды 1:14).

Библия не говорит о том, что он совершил что-то великое или исполнил какое-то специальное служение. Однако, поскольку Енох до глубины сердца боялся Бога, избегал зла и вел освященную жизнь, чтобы ходить перед Ним, Бог взял его, приблизил к Себе и поставил рядом с Собой.

Поэтому Послание к Евреям 11:5 говорит нам: *«Верою Енох переселен был так, что не видел смерти; и не стало его, потому что Бог переселил его. Ибо прежде переселения своего получил он свидетельство, что угодил Богу».* Поскольку Енох обладал верой, угодной Богу, Он благословил его, дав ему всегда ходить с Собой, вознес его на Небеса, не дав увидеть смерти, и поставил его вторым на Небесах.

Авраам был назван другом Бога

Насколько прекрасно было сердце Авраама, что он был назван другом Бога и стал третьим лицом на Небесах?

Авраам всецело уповал на Бога и полностью подчинялся Ему. Когда по приказанию Бога он вышел из своей земли и из дома своего, то пошел, даже не зная куда идет, но в послушании оставил и дом, и все нажитое. Более того, когда ему было сказано принести в жертву всесожжения Исаака, сына, родившегося ему в возрасте 100 лет, он незамедлительно подчинился. Он уповал на Бога, благого и всемогущего, способного воскрешать мертвых.

И еще, Авраам вовсе не был эгоистом. Например, когда имущество его племянника Лота выросло настолько, что они не могли больше быть вместе, Авраам предложил Лоту первому выбрать: *«Да не будет раздора между мною и тобою, и между пастухами*

*моими и пастухами твоими, ибо мы родственники;
не вся ли земля пред тобою? отделись же от меня:
если ты налево, то я направо; а если ты направо, то я
налево»* (Бытие 13:8-9).

Однажды многие цари объединились и вторглись
в Содом и Гоморру. Они захватили все добро, товары,
продукты и его племянника Лота, который жил в Содоме.
Тогда Авраам взял 318 подготовленных мужей из своего
дома, преследовал царей и вернул все похищенное. Царь
Содома хотел дать Аврааму часть из возвращенного
имущества в знак благодарности, но Авраам отклонил
этот дар. Он поступил так в доказательство того, что
совершенное было благословением, пришедшим только
от Бога. Авраам подчинился в вере к славе Божией, имея
сердце чистое и прекрасное, как кристалл. Поэтому Бог
благословил его обильно и на земле, и на Небесах.

Моисей, вождь Исхода

Какое сердце было у Моисея, вождя Исхода, если
он назван четвертым на Небесах? В книге Чисел 12:3
сказано: *«Моисей же был человек кротчайший из всех
людей на земле».*

В Послании Иуды упоминается сцена, в которой
архангел Михаил спорит с дьяволом о теле Моисея.
Спор из-за того, что Моисей обладал всеми качествами,
чтобы быть вознесенным на Небеса и не увидеть
смерти. Однажды, когда Моисей был принцем Египта,
он убил египтянина, который бил еврея. На основании
этого дьявол обвинял Моисея, настаивая на том, что тот
должен был увидеть смерть.

Но архангел Михаил спорил с дьяволом, говоря, что Моисей отбросил все грехи и все зло и достоин быть вознесенным, поскольку обладает всеми требующимися для этого качествами. В Матфея 17 мы читаем, что Моисей и Илия спустились с Небес, чтобы побеседовать с Иисусом. Исходя из этих фактов можно сделать вывод о том, что стало с телом Моисея.

Моисею пришлось убежать из дворца фараона из-за совершенного им убийства. Затем он 40 лет пас овец в пустыне. Через испытания в пустыне Моисей искоренил в себе гордыню, все похоти, лицемерие, которые были у него в бытность принцем во дворце фараона. Только после этого Бог дал ему поручение вывести Израильтян из Египта.

Теперь Моисею, бывшему убийце в бегах, надлежало вернуться к фараону и вывести из Египта Израильтян, которые 400 лет были там рабами. По человеческому размышлению, такое было невозможно, но Моисей подчинился Богу и пошел к фараону. Не всякий мог стать вождем, способным вывести миллионы Израильтян из Египта и довести их до земли Ханаанской. Поэтому Бог сначала 40 лет очищал Моисея и сделал его великим сосудом, способным объять и выдержать всех Израильтян. Таким образом, через испытания, Моисей стал человеком, способным повиноваться вплоть до смерти и выполнить обязанности вождя Исхода. Библия ясно говорит, сколь велик Моисей:

> *«И возвратился Моисей к Господу и сказал: о, [Господи!] народ сей сделал великий грех: сделал себе золотого бога; прости им грех их,*

а если нет, то изгладь и меня из книги Твоей, в которую Ты вписал» (Исход 32:31-32).

Моисей хорошо знал, что вычеркнутое из книги Господа имя не означает просто физическую смерть. Прекрасно зная, что те, чьи имена не написаны в Книге Жизни, будут брошены в огонь адский – подвергнутся вечной смерти – и будут страдать вечно, Моисей желал принять вечную смерть ради прощения грехов народа.

Что мог чувствовать Бог, взирая на такого Моисея? Бог был весьма доволен им, потому что он очень правильно понял сердце Божие, которое ненавидит грех, но желает спасти грешников. Бог ответил на его молитву. Бог посчитал, что один Моисей ценнее, чем все Израильтяне вместе взятые, поскольку у него было сердце, правое в глазах Бога, непорочное и чистое, как вода жизни, истекающая от Его престола.

Если перед вами размеров крупной фасоли бриллиант чистой воды без изъяна и порока и россыпь речных камушков, что ценнее? Никто не поменяет бриллиант на обычные камни.

Так вот, осознав факт того, что один Моисей, обретший в себе сердце Божие, был ценнее, чем все Израильтяне вместе взятые, и нам должно усовершенствовать свои сердца, чтобы они стали чистыми и прекрасными, как кристалл.

Павел, апостол язычникам

Пятый в небесном ряду почета – апостол Павел, посвятивший свою жизнь благовестию язычникам.

Хотя он и был с великой страстностью верен Царствию Божию до самой смерти, но в глубине души всегда сожалел о том, что преследовал верующих в Иисуса Христа прежде, чем сам принял Господа. Поэтому в 1-м послании к Коринфянам 15:9 он исповедуется, говоря: *«Ибо я наименьший из Апостолов, и недостоин называться Апостолом, потому что гнал церковь Божию».*

Тем не менее, поскольку он был сосудом добрым, Бог избрал его, очистил и использовал как апостола для язычников. 2-е посл. к Коринфянам 11:23 и далее подробно объясняет, сколько скорбей пришлось ему претерпеть, проповедуя Евангелие. Он страдал так, что уже не надеялся остаться в живых, был многократно при смерти. Его много раз бичевали и бросали в темницу. От иудеев он пять раз получал по сорок ударов без одного; три раза его били палками, однажды его побили камнями; три раза он терпел кораблекрушение, ночь и день пробыл во глубине морской; часто был без сна, испытал голод и жажду, часто в посте, на стуже и в наготе (2-е Коринфянам 11:23-27).

Павел пострадал так много, что в 1-м посл. к Коринфянам 4:9 признается: *«Ибо я думаю, что нам, последним посланникам, Бог судил быть как бы приговоренными к смерти, потому что мы сделались позорищем для мира, для Ангелов и человеков».*

Почему же Бог допустил претерпеть столько лишений и гонений Павлу, который был верен до смерти? Бог мог оградить его от всех скорбей, но желал, чтобы через скорби Павел обрел сердце, чистое и прекрасное, как кристалл. В конце концов апостол Павел смог получить утешение и радость только в Боге, полностью отречься от себя и совершенно уподобиться Христу. И теперь, во 2-м посл. к Коринфянам 11:28, он может прямо сказать: *«Кроме посторонних приключений, у меня ежедневно стечение людей, забота о всех церквах»*.

В Послании к Римлянам 9:3 он также исповедует: *«Я желал бы сам быть отлученным от Христа за братьев моих, родных мне по плоти»*. Обретя чистое и прекрасное, как кристалл, сердце, Павел сподобился не только войти в Новый Иерусалим, но и стать близко к Престолу Божию.

Прекрасные жены в глазах Божиих

Мы уже заглянули на первый пир в Новом Иерусалиме. Когда Бог Отец входит в зал, за Ним идет одна женщина. Она сопровождает Бога Отца в белом платье, почти касающемся пола и украшенном разными драгоценностями. Эта женщина – Мария Магдалина. Учитывая обстоятельства того времени, когда общественная роль женщины была ограниченной, она не могла очень много сделать для совершения Царствия Божия, но поскольку в глазах Божиих была прекрасна, сподобилась войти в самое чтимое место на Небесах.

Как пророки занимают положение в небесной табели о рангах в соответствии с тем, насколько уподобились сердцу Божию, так и жены на Небесах занимают место в зависимости от того, в какой мере Бог признал и возлюбил их.

Каково же было житие этих жен, что они так признаны

и возлюблены Богом и оказались в почете на Небесах?

Мария Магдалина первая встретила воскресшего Господа

Бог более всех возлюбил Марию Магдалину. Долгое время она была привязана к силам тьмы, страдала от различных болезней, ее презирали и оскорбляли окружающие. В один из тех тяжких дней, она услышала весть об Иисусе, приготовила драгоценное миро и пошла к Нему. Она слышала, что Иисус находится в доме одного фарисея, пришла туда, но не могла осмелиться предстать перед Ним, хотя и страстно желала с Ним встречи. Мария подошла к Нему сзади, омочила своими слезами Его ноги, отерла их своими волосами, разбила кувшин и возлила на Него миро. Этим актом веры она освободилась от боли недуга и была очень благодарна. С этого момента она возлюбила Иисуса и следовала за Ним, куда бы Он ни пошел, и стала той прекрасной женщиной, которая посвятила Ему всю свою жизнь (Луки 8:1-3).

Она шла за Иисусом даже тогда, когда Он был распят и испустил дух, хотя и знала, что одно ее присутствие там могло стоить ей жизни. Мария совершила больше, чем просто отплатила за полученную благодать, она последовала за Иисусом, посвятив Ему все, включая собственную жизнь.

Мария Магдалина, так любившая Иисуса, первая встретила Господа после Его воскресения. Она стала величайшей из жен в истории человечества, потому что ее сердце было настолько благим, а дела столь прекрасны, что смогли тронуть и взволновать Бога.

На Деве Марии было благословение зачать Иисуса

Дева Мария - вторая среди прекрасных жен в глазах Бога. На нее выпало благословение зачать Иисуса, ставшего Спасителем для всего человечества. Около 2000 лет тому назад Иисусу надлежало прийти во плоти, чтобы искупить всех людей от их грехов. Чтобы это осуществилось, нужна была женщина, достойная в глазах Бога. Была избрана Мария, обрученная в то время Иосифу. Бог через архангела Гавриила заранее дал ей знать, что она зачнет Иисуса от Духа Святого. Мария не задумалась по-человечески, а смело исповедовала свою веру: *«Се, Раба Господня; да будет Мне по слову твоему»* (Луки 1:26-38).

В те времена девице забеременеть было не только позорно перед всеми людьми, но по закону Моисееву ее надлежало до смерти побить камнями. Тем не менее, она в сердце своем глубоко веровала, что для Бога нет ничего невозможного и просила, чтобы все было так, как Он сказал. У нее было достаточно благое сердце, чтобы повиноваться Слову Божию, несмотря на то, что это могло стоить ей жизни. Как же, должно быть, счастлива и благодарна она была, когда сначала зачала Иисуса, а потом видела, как Он возрастал в силе Божией! И это блаженство выпало Марии, простой женщине.

Поэтому она была счастлива просто смотреть на Иисуса, она служила и любила Его больше своей жизни. Бог до избытка благословил Деву Марию и принял ее в вечную славу. Именно ее, из всех жен на Небесах, поставил Бог рядом с Марией Магдалиной.

Есфирь ничего не убоялась ради исполнения воли Божией

Есфирь верой и любовью смело спасла свой народ, стала прекрасной женой в глазах Божиих и достигла самого почетного места на Небесах.

После того как царь Персии Артаксеркс лишил царицу Астинь ее царского достоинства, из всех прекрасных девиц была выбрана Есфирь, которая стала царицей,

несмотря на то, что была еврейкой. Царь полюбил ее, да и многим она нравилась, потому что не пыталась выставлять себя напоказ, гордыни в ней не было, и украшала она себя с чистотой и изяществом, хотя и была очень красива.

Она уже получила царское достоинство, когда для иудеев наступил критический момент. Аман Вугеянин вознесся и был в фаворе у царя. Но иудей Мардохей не кланялся ему, не оказывал никакого уважения и не воздавал ему чести, что приводило Амана в ярость. Аман составил заговор с целью уничтожить всех иудеев в Персии и получил на это разрешение царя.

Есфирь постилась три дня и ради своего народа решилась предстать перед царем (Есфирь 4:16). В соответствии с персидским законом того времени смерть полагалась всякому, кто войдет к царю, не быв позван, и только тот, к кому прострет царь свой золотой скипетр, мог остаться жив. Совершив трехдневный пост, Есфирь пошла к царю против закона с решением: *«Если погибнуть – погибну»*. Бог вмешался, и в результате замысливший злодейство Аман сам был убит. Есфирь не только спасла свой народ, но и обрела еще большую любовь царя.

Есфирь была признана прекрасной женой и достигла славного положения на Небесах, потому что была тверда в истине и имела мужество пожертвовать жизнью, если это было угодно воле Божией.

У Руфи было прекрасное и доброе сердце

Посмотрим на жизнь Руфи, которая также признана прекрасной женщиной в глазах Божиих и стала одной из величайших жен на Небесах. Какое у нее было сердце и какие ее дела так угодили Богу, что Он благословил ее?

Руфь Моавитянка вышла замуж за еврея, семья которого переехала в Моав из-за голода в своей земле, но вскоре потеряла мужа. Все мужчины в семье умерли рано, и она жила со свекровью Ноеминью и невесткой Орфой. Ноеминь, заботясь о будущем своих снох, предложила им вернуться в их семьи. Орфа со слезами простилась с Ноеминью, а Руфь осталась, высказав это эмоциональное исповедание:

«Не принуждай меня оставить тебя и возвратиться от тебя; но куда ты пойдешь, туда и я пойду, и где ты жить будешь, там и я буду жить; народ твой будет моим народом, и твой Бог -- моим Богом; и где ты умрешь,

там и я умру и погребена буду; пусть то и то
сделает мне Господь, и еще больше сделает:
смерть одна разлучит меня с тобою».

Поскольку у Руфи было такое прекрасное сердце, она никогда не думала о своей выгоде, и пусть в ущерб себе, но следовала добродетели и была счастлива выполнить свой долг верно служить свекрови.

Это дело Руфи, ее служение свекрови было настолько прекрасно, что вся деревня знала о ее преданности и все любили ее. В конце концов с помощью свекрови она вышла замуж за Вооза, их родственника и избавителя. Она родила сына и стала бабкой царя Давида (Руфь 4:13-17). Более того, на Руфь пало благословение войти в родословие Иисуса, несмотря на то, что она была из язычников (Матфея 1:5-6). Следом за Есфирью, Руфь стала одной из прекраснейших жен на Небесах.

Мария Магдалина пребывает у Престола Божия

Почему же Бог дает нам знать о первом брачном пире в Новом Иерусалиме и о порядке пророков и жен? Бог любви желает, чтобы все люди не только обрели спасение и Царство небесное, но уподобились сердцу Его и находились одесную Его престола в Новом Иерусалиме.

Дабы мы удостоились чести восседать вблизи Престола Божьего в Новом Иерусалиме, мы должны уподобиться сердцу Его, чистому и прекрасному, как кристалл. Наши сердца должны напоминать двенадцать оснований стен Нового Иерусалима.

Поэтому, дорогая душа, давай пристально взглянем на жизнь Марии Магдалины, служащей Богу Отцу при Его престоле. Когда я молился, готовя себя к «Лекциям о Евангелии от Иоанна», я многое узнал о жизни Марии Магдалины благодаря вдохновению от Духа Святого. Бог открыл мне, из какой семьи была Мария, как она жила, как изменилась после встречи с Иисусом, нашим Спасителем. Я надеюсь, что ты проникнешься красотой ее сердца, готового ради Господа принять любое порицание от людей и пожертвовать всей своей жизнью, и тоже удостоишься великой чести находиться вблизи Божьего престола.

Родившись в семье идолопоклонников

Ее прозвали Марией Магдалиной, потому что она родилась в местечке под названием Магдала среди язычников. Ее родители не были исключением – они тоже поклонялись идолам, обрекая свое потомство на многие проклятия.

Мария Магдалина родилась в духовно неблагоприятной обстановке. В том числе и поэтому у нее были проблемы со здоровьем: ее организм не мог правильно усваивать пищу. Физическая слабость от рождения обрекла ее на многочисленные болезни. Более того, еще в ранней юности она потеряла способность зачать ребенка. Потому-то она все время находилась у себя дома, ниже травы и тише воды. Но несмотря на то, что даже родители пренебрегали ею и относились к ней прохладно, она никогда им не перечила. Вместо этого она всегда пыталась их поддержать и демонстрировала высочайшее смирение. Поняв, что она им в тягость, Мария оставила своих близких и покинула отчий дом. Сделала она это не из обиды или протеста против плохого обращения с собой, а чтобы не обременять семью.

Стараясь изо все сил, смиряя себя

Между тем, она встретила мужчину, которому полностью доверилась. Но он оказался негодяем. Он даже не пытался поддерживать семью и проматывал деньги в азартных играх, вымогая их у Марии Магдалины, часто устраивал скандалы и бил ее.

Мария Магдалина начала зарабатывать на жизнь шитьем, но денег это не приносило. Непосильный труд еще более ослабил ее больной организм. Ей самой была необходима помощь другого человека, но муж не проявлял никакой заботы, постоянно унижая Марию. Она не испытывала к нему ненависти, принимала унижения как должное и сожалела, что не может быть большей помощницей мужу.

Находясь в таком невыносимом положении, оставленная родителями, братьями и мужем, однажды она услышала Благую Весть. Кто-то рассказал ей о чудотворце Иисусе, открывавшем глаза слепцам и возвращавшем дар речи немым. Мария Магдалина нисколько не сомневалась в правдивости рассказанного об Иисусе, потому что ее сердце было благо. Она обрела внутреннюю уверенность, что Иисус может исцелить все ее болезни.

Она уверовала в Иисуса еще до встречи с Ним, которой страстно желала. Наконец ей сказали, что Иисус посетит ее родную деревню и остановится в доме фарисея по имени Симон.

Изливая благоухание веры

Мария Магдалина была так счастлива, что принесла Иисусу миро, купленное ею на заработанные непосильным трудом деньги. Ее радость от встречи со Спасителем невозможно описать словами.

Толпа не подпускала Марию к Иисусу, потому что одета она была в лохмотья, но это не остановило ее. Несмотря на косые взгляда, Мария Магдалина подошла к Иисусу, и на очах ее выступили обильные слезы радости.

Она не осмелилась предстать пред Спасителем и смиренно стала сзади. Ее слезы пролились прямо на стопы Христа. С чувством благодарности к Нему, она омыла ноги Спасителя драгоценным миром и отерла своими волосами.

Искренность Марии Магдалины по отношению к Иисусу даровала ей не только спасение, но и чудесное исцеление от различных болезней и немощей, как телесных, так и духовных. Она ощутила прилив сил и здоровья, к ней вернулась женственность. Некогда обезображенное болезнью и страданием лицо сделалось прекрасным и радостным. Она стала ценить себя как женщину и вышла из под власти тьмы.

Следуя за Иисусом до самого конца

Мария Магдалина пережила нечто, за что была более благодарна Иисусу, чем за исцеление. Ведь она встретила Человека, явившего ей такую любовь, какой больше не сыщешь. С самой первой встречи с Иисусом она посвятила Ему всю страстность молодости, принесла свою жизнь в дар, исполненный радости и благодарности. Теперь здоровье позволяло ей много трудиться, заниматься шитьем и ремеслами, служить Иисусу и делиться с Ним своим достоянием.

Мария Магдалина не только следовала за Христом, засвидетельствовав знамения и чудеса, изменившие жизнь многих людей, но и была рядом с Ним, когда Его схватили римские солдаты. Даже когда Иисус был распят на кресте, она была поблизости. Несмотря на то, что даже само присутствие на месте казни представляло серьезный риск для ее жизни, Мария Магдалина отважно отправилась на Голгофу, провожая Иисуса в путь крестного страдания.

Что же она чувствовала, когда видела чудовищные муки Христа, которого любила всем сердцем? Как написал, проникнувшись образом Магдалины, поэт:

О, где бы я теперь была,
Учитель мой и мой Спаситель...
....

Но объясни, что значит грех,
И смерть, и ад, и пламень серный,
Когда я на глазах у всех

С тобой, как с деревом побег,
Срослась в своей тоске безмерной.

Когда твои стопы, Исус,
Оперши о свои колени,
Я, может, обнимать учусь
Креста четырехгранный брус
И, чувств лишаясь, к телу рвусь,
Тебя готовя к погребенью.

Мария Магдалина не отвратила своих очей от Иисуса до самого последнего момента, начертав Его дивный образ на своем сердце. Она не оставила Его и после смерти, последовав за Иосифом, похоронившим Иисуса.

Встреча с воскресшим Господом на рассвете

Мария Магдалина ждала завершения субботы, когда на рассвете следующего дня вошла в могилу Христа, чтобы умастить тело Его елеем. Однако там она не нашла Иисуса. Магдалина первая увидела воскресшего Спасителя, сначала приняла его за садовника, но, узнав, устремилась к Нему дотронуться. Христос не разрешил ей сделать это, но зато поручил возвестить апостолам о своем воскрешении.

Даже после крестной смерти Иисуса Магдалина не поверила в Его кончину. Иисус был всем для нее, она так любила Его! Как же возрадовалась Мария, встретив воскресшего Господа! Она не смогла сдержать нахлынувших слез и переживаний. Поначалу она не узнала своего Спасителя, но когда Он обратился к ней по имени, то сразу же поняла, что это – Христос. В Иоанне 20:17 приведены слова воскресшего Господа: *«Не прикасайся ко Мне, ибо Я еще не восшел к Отцу Моему; а иди к братьям Моим и скажи им: восхожу к Отцу Моему и Отцу вашему, и к Богу Моему и Богу вашему».* Господь так любил Марию Магдалину, что, воскреснув, явил себя ей прежде Отца своего.

Светлая весть воскресения Господня

Представь, дорогая душа, какое светлое, неудержимое чувство наполнило Марию Магдалину, когда она встретила воскресшего Господа, так любимого ею? Она сказала, что хочет остаться с Ним навсегда. Господь ведал ее сердце, но ответил ей, что прежде она должна до конца исполнить свою миссию на земле. Ей надлежало возвестить новость воскресения апостолам, все еще стенавшим о распятом Иисусе.

В Иоанна 20:18 описано, что *«Мария Магдалина идет и возвещает ученикам, что видела Господа и что Он это сказал ей».* Тот факт, что Мария Магдалина засвидетельствовала воскресение Господне раньше других, что именно она сообщила апостолам эту светлую весть, не является простым совпадением. Такова была награда за преданность Марии Господу, за ее страстную любовь и служение Ему.

Если бы Пилат испросил о заместительной жертве, Мария первой бы вызвалась быть распятой за Иисуса Христа; она любила Его больше, чем собственную жизнь, и служила Ему всей жизнью.

Честь служения Богу Отцу

Мария Магдалина была столь угодна Богу, потому что сердце ее освободилось от всякого зла и преисполнилось духовной любовью. Мария Магдалина любила Иисуса неизменной и истинной любовью с самой первой их встречи. Бог Отец, принявший ее благое и прекрасное сердце, возжелал поместить Марию Магдалину близко к своему престолу. Поэтому, когда пробил час, Он позволил Марии обрести славу служения Ему, допустив до своего престола.

Бог Отец желает, чтобы мы стали Его истинными чадами и разделили Его любовь в вечности. Поэтому-то Он и принялся возделывать человечество, соделав себя Триединым Богом, долго, очень долго вынося бесчинства человека на земле.

Ныне же обители небесные уготованы верующим, Господь вскоре явит себя в воздухе, свадебный пир грядет. Тогда Он позволит чадам своим править в течение тысячи лет вместе с собой, а затем – направит их в небесные обители. Мы, верующие, будем жить вместе с Триединым Богом в счастье и радости на Небесах, подобных чистому, прозрачному, незамутненному кристаллу, преисполненных славы Его. Как счастлив будет всякий входящий в Новый Иерусалим, ибо ему уготована встреча с Богом и вечная жизнь у Него!

Две тысячи лет тому назад Иисус вопрошал: *«Сын Человеческий, придя, найдет ли веру на земле?»* (Лука 18:8). Трудно ныне найти веру истинную.

Апостол Павел, проповедовавший язычникам, написал незадолго до смерти послание своему духовному сыну Тимофею, претерпевшему многие тяготы и гонения на христиан. В нем сказано:

«Итак заклинаю тебя пред Богом и Господом нашим Иисусом Христом, Который будет судить живых и мертвых в явление Его и Царствие Его: проповедуй слово, настой во время и не во время, обличай, запрещай, увещевай со всяким долготерпением и назиданием. Ибо будет время, когда здравого учения принимать не будут, но по своим прихотям будут избирать себе учителей, которые льстили бы слуху; и от истины отвратят слух и обратятся к басням. Но ты будь бдителен во всем, переноси скорби, совершай дело благовестника, исполняй служение твое. Ибо я уже становлюсь жертвою, и время моего отшествия настало. Подвигом добрым я подвизался, течение совершил, веру сохранил; а теперь готовится мне венец правды, который даст мне Господь, праведный Судия, в день оный; и не только мне, но и всем, возлюбившим явление Его» (2-е Тимофею 4:1-8).

Если ты надеешься на Небеса, если желаешь пришествия Господня, то живи по Слову Божьему, воинствуй как добрый воин. Апостол Павел всегда радовался, хотя и был гоним, и страдания претерпел, неся Благую Весть.

Поэтому мы тоже должны освятить свои сердца и сполна исполнить долг, чтобы угодить Богу и разделить истинную любовь в вечности, вблизи Божьего престола.

Мой Господь,
грядущий на облаке славы,
Я стремлюсь к тому Дню,
когда нас Ты к себе заберешь!
Пред Твоим славным престолом,
навеки разделим любовь,
недоступную нам на ничтожной земле,
и о прошлом мы вспомним достойном.
Я отправлюсь на небо,
я буду ликовать,
когда нас всех Господь призовет!
О, Небесное Царство зовет!

Об авторе
доктор Джей Рок Ли

Д-р Джей Рок Ли родился в 1943 году в городе Муан, в провинции Джэоннам Корейской Республики. Начиная с двадцати четырех лет, д-р Ли страдал от различных неизлечимых заболеваний и в течение семи лет ждал смерти, без какой-либо надежды на исцеление. Но однажды, весной 1974 года, сестра привела его в церковь, где он упал на колени и молился, и Живой Бог мгновенно исцелил его от всех болезней.

С того момента, как д-р Ли встретил Живого Бога, благодаря этому чудесному исцелению, он искренне возлюбил Бога всем сердцем и был призван в 1978 году на служение Богу. Он усердно молился, чтобы ясно уразуметь волю Божью, полностью исполнить ее и повиноваться всякому слову Божьему. В 1982 году он основал Центральную церковь «Манмин» в городе Сеуле (Южная Корея), и с того момента бесчисленные дела Божьи, включая чудесные исцеления и знамения Божьи, были явлены в этой церкви.

В 1986 году д-р Ли был рукоположен в пасторы на ежегодной Ассамблее Корейской церкви Христа в Сингкуоле, а спустя ещё четыре года, в 1990 году, его проповеди начали транслироваться по каналам Дальневосточной вещательной компании, Азиатской вещательной компании и Вашингтонской христианской радиостанции в Австралии, России, на Филиппинах и во многих других странах.

Через три года, в 1993 году, журнал *Christian World* (США) внес Центральную церковь «Манмин» в список пятидесяти лучших церквей мира; колледж Христианской веры в штате Флорида (США) присвоил д-ру Ли степень почетного доктора богословия; а в 1996 году Теологическая семинария Кингсвэй (штат Айова, США) присвоила ему степень доктора теологии.

С 1993 года д-р Ли, проведя евангелизационные служения в Танзании, Аргентине, Лос-Анжелесе, Балтиморе, на Гавайях, в Нью-Йорке (США), Уганде, Японии, Пакистане, Кении, на Филиппинах, в Гондурасе, Индии, России, Германии и Перу, Демократической Республике Конго, Израиле и Эстонии, стал одним из лидеров мировой миссионерской деятельности.

В 2002 году, за его усилия по проведению ряда впечатляющих

объединенных христианских фестивалей, ведущие христианские газеты Кореи назвали его лидером религиозного возрождения мирового масштаба. В частности, на Нью-Йоркском христианском фестивале 2006 года, который проводился на всемирно известной арене Мэдисон Сквер Гарден и транслировался на 220 стран, а также на Межкультурном Израильском фестивале 2009 года, проведенном в Международном центре конвенций в Иерусалиме, он смело объявил, что Иисус Христос – Мессия и Спаситель. Его проповеди транслировались на 176 стран по спутниковым каналам, включая GCN TV. В 2009-м и 2010-м годах популярный русскоязычный христианский портал *In Victory* и новостное агентство *Christian Telegraph*, за его мощное телевещательное служение и пасторское служение за рубежом, назвали д-ра Ли в числе 10-ти самых влиятельных христианских лидеров.

По данным на апрель 2016 года, Центральная церковь «Манмин» объединяет более 120.000 членов. У церкви более 10.000 дочерних и ассоциативных церквей во всем мире, включая 56 филиала в самой Корее. Кроме того, более 102-ти миссионеров направлены в 23 страны, включая США, Россию, Германию, Канаду, Японию, Китай, Францию, Индию, Кению и многие другие страны.

На момент публикации этой книги д-р Ли написал 104-х книг, в том числе такие бестселлеры, как *«Откровение о вечной жизни в преддверии смерти», «Моя жизнь, моя вера» (I и II), «Слово о Кресте», «Мера веры», «Небеса» (I и II), «Ад»* и *«Сила Божья».* Его книги уже переведены на 76 языков мира.

Его статьи на тему христианской веры регулярно публикуются в следующих периодических изданиях: *The Hankook Ilbo, The JoongAng Daily, The Dong-A Ilbo, The Seoul Shinmun, The Hankyoreh Shinmun, The Kyunghyang Shinmun, The Korea Economic Daily, The Korea Herald, The Shisa News* и *The Christian Press.*

В настоящее время д-р Ли возглавляет многие миссионерские организации и ассоциации. Он, в частности, является главой правления Объединенной церкви святости Иисуса Христа, основателем и председателем правлений «Глобальной христианской сети» (GCN), «Всемирной сети врачей-христиан» (WCDN) и Международной семинарии Манмин (MIS).

Небеса I: Чистые и прекрасные, как кристалл

Подробный очерк великолепных условий жизни, которыми наслаждаются небесные жители на пяти уровнях небесного царства.

Ад

Искреннее обращение ко всему человечеству от Бога, Который не хочет, чтобы хоть одна душа попала в глубины ада!

Путь к спасению

Послание пробуждения, предназначенное для всех людей, которые духовно спят. В этой книге вы найдете истинную Божью любовь. Почему Иисус – наш Единственный Спаситель? .

Откровения о вечной жизни в преддверии смерти

Личное свидетельство преподобного доктора Джей Рока Ли, который родился свыше и обрел спасение из долины смертной тени.

Мера Веры

Какое место на небесах уготовано вам? Какой венец вы получите в вечности? Эта книга даст необходимую мудрость и руководство для измерения вашей веры и поможет ее укрепить.

www.urimbooks.com